Anonymous

Die Provinz Britisch Columbia

Auskunft für beabsichtigende Ansiedler

Anonymous

Die Provinz Britisch Columbia
Auskunft für beabsichtigende Ansiedler

ISBN/EAN: 9783743656543

Hergestellt in Europa, USA, Kanada, Australien, Japan

Cover: Foto ©ninafisch / pixelio.de

Weitere Bücher finden Sie auf **www.hansebooks.com**

Der Staat Canada.

Die Provinz British Columbia.

Auskunft

für

beabsichtigende Ansiedler.

Herausgegeben von der canadischen Regierung.

Mit einer Landkarte.

Ottawa:

Das Ministerium fuer Landwirthschaft.

1883.

Der Staat Canada.

Die Provinz British Columbia.

Herausgegeben von der canadischen Regierung.

I.

Vorwort.

Die Provinz im Allgemeinen.

Der Zweck dieser Broschüre ist, so bündig und einfach wie möglich, Demjenigen, welcher sich in Britih Columbia anzusiedeln beabsichtigt, die nöthige Auskunft zu geben über diese Provinz bezüglich auf ihre Lage, ihre Läfen, Binnengewässer, ihr Klima, ihre Hilfsquellen, Mineralien, ihren Landbau, ihre Fischereien und andere Thatsachen mehr, die einiges Interesse für den beabsichtigenden Ansiedler haben mögen.

British Columbia, welches sich im Jahre 1871 dem canadischen Bunde anschloß, ist von allen canadischen Provinzen am Weitesten nach Westen hin gelegen. In gerader Linie gemessen, ist seine Küste am stillen Meere ungefähr 600 Meilen lang und würde sie, wenn man ihre fast zahllosen zackigen Einschnitte und Baien mitrechnen würde, mehrere Tausende von Meilen lang befunden werden.

Nach dem Census faßt diese Provinz einen Flächenraum von 341,305 englischen Quadratmeilen in sich. Bezüglich auf Handelsverkehr ist sie besonders günstig; auf dem amerikanischen Welttheile gelegen und sind ihre Hülfsquellen von besonderer Wichtigkeit. Dem Klima nach, ihrem Mineralreichthum und den günstigen Verhältnissen bezüglich auf Handelsverkehr nach möchte man diese Provinz das Großbritannien und Californien Canadas nennen können.

Die Provinz ist in zwei Theile getheilt, die „Islands“, wovon Vancouver die wichtigste Insel ist, und das „Mainland“. Vancouver ist ungefähr 300 engl. Meilen lang, im Durchschnitte etwa 60 Meilen breit und fast einen Flächenraum von circa 20.000 engl. Quadratmeilen in sich.

Es gibt in Britisß Columbia zahllose Häfen und Flüsse, wovon einige von besonderer Wichtigkeit sind. Sie sind alle besonders reich an allerlei Fischarten. Die Aussichten und Landschaften in dieser Provinz sind äußerst reizend.

Im Winter ist das Klima an der Küste weniger veränderlich und viel milder als in irgend einem anderen Theile Canadas. Aber in den höheren Regionen der Gebirge empfindet man mehr Kälte, gibt es mehr Schnee und ist, wie auch im Binnenlande dieses Welttheiles, die Atmosphäre viel trockener.

Dem Census vom Jahre 1881 nach zählte man in Britisß Columbia nicht mehr als 49,459 Seelen, worunter 25,661 Indianer waren. Diese gleichsam geringe Anzahl Einwohner ist dem Umstande zuzuschreiben, daß diese Provinz bisher isolirt gelegen war; jetzt aber, wo die Erbauung von Eisenbahnrouten zwischen dem atlantischen und dem stillen Meere durch den Staat Canada hin so rasch ihrer Vollendung zuschreitet,—Routen, die von allen anderen auf dem amerikanischen Welttheile die niedrigsten Ansteigungen machen und bezüglich auf Handelsverkehr die allerwichtigsten Vortheile gewähren,—beginnen sowohl für Diejenigen, welche aus der alten Welt auswandern, als auch für Diejenigen in Canada, welche sich eine neue Wohnstätte gründen wollen, die Vortheile, welche diese Provinz Ansiedlern bietet, einiges Interesse zu haben und ist die Bevölkerung bereits in raschem Zunehmen begriffen. Es läßt sich durchaus nicht bezweifeln, daß bei der nächsten Volkszählung der Zuwachs an Bevölkerung dort als ein außerordentlich großer befunden werden wird.

II.

Lage.

Zukünftige Größe und Macht der Provinz
Britisch Columbia.

Diejenigen, welche sich anzusiedeln beabsichtigen in ein Land, auf welchem Welttheile auch immer dasselbe gelegen sein mag, wo die Zahl der Bevölkerung noch ziemlich gering ist, sollten wohl in Erwägung ziehen die natürliche Lage des Landes, da diese einen wesentlichen Einfluß auf seine zukünftige Entwicklung äußern muß.

Wie schon erwähnt, faßt Britisch Columbia, den Messungen in den Censusbezirken nach, einen Flächenraum von 341,305 engl. Quadratmeilen in sich, den Aussagen aber einiger glaubwürdigen Personen nach, 350,000 Quadratmeilen. Letzteres möchte wohl der Fall sein, wenn man die Wasserflächen in der Provinz mitrechnet. Dies ist in der That ein großer Flächenraum, eine Thatsache, die Einem auffallend erscheinen wird, wenn man diesen Flächenraum mit denjenigen einiger von den großen Reichen in Europa vergleicht. England faßt 50,933 Quadratmeilen in sich, Frankreich, mit Einschluß von Corsica, 204,091 und das große Deutschland hat im Ganzen einen Flächenraum von nur 208,729 engl. Quadratmeilen.

Ein großer Theil des weit ausgedehnten Flächenraumes in Britisch Columbia ist gebirgig und zum Landbau nicht geeignet. Die Gebirge aber sind so reich an Mineralien, daß sie ihrerseits dazu beitragen werden, die sehr großen Flächenräume, welche sich zu Landbauzwecken eignen, außergewöhnlich werthvoll zu machen. Die 49ste Breitenparallele, welche auf der Insel Vancouver einen Grad weiter nach Süden abweicht, ist die südliche Grenze, die nördliche Grenze ist die 60ste Parallele, die westliche der stille Ocean und die östliche im Allgemeinen eine Linie von dem 114ten Grad westlicher Länge, welche in der Richtung der „Rocky Mountains“ läuft und nach Westen hin abweicht, bis sie den 120sten Grad westlicher Länge durchschneidet, nach welchem sie ihren Lauf bis zur 60sten Parallele richtet.

Es ist von Wichtigkeit, die Lage der Provinz in Erwägung zu ziehen, in Betracht der Vortheile, welche sie gewährt für die Erbauung einer „Transcontinental“eisenbahnroute. Die canadische Eisenbahnlinie erstreckt sich über denjenigen Theil des Welttheiles, welcher unter dem

Namen „Fertile Belt" bekannt ist, anstatt über dürre und salzige Ebenen, die man nicht bestellen, und worauf man sich nicht ansiedeln kann. Und außerdem war der höchste Durchgang durch die Rocky Mountains, über welchen die canadische Eisenbahn laufen wird, dem Berichte des Herrn Fleming nach, auf der Linie, welche er ausgewählt, 8,372 Fuß über der Meeresfläche, während die Transcontinentalroute durch die Vereinigten Staaten, deren westliche Endstation zu San Francisco ist, eine Ansteigung von 7,534 Fuß zu machen hat. Die Canadian Pacific = Eisenbahngesellschaft soll einen Durchgang durch die Rocky Mountains, den „Riding Horse Paß", gefunden haben, welcher weiter nach Süden gelegen ist und kürzer sein soll als derjenige, welchen Herr Fleming aufgenommen hat. Die Ansteigungen desselben sind nicht in jeder Beziehung ganz so günstig wie diejenigen des „Tete Jaune", (des Herrn Fleming Passes), aber die Entfernung ist ungefähr 100 Meilen kürzer und die Neigung der Ansteigungen soll die Transportirung der schweren Erzeugnisse, welche man aus den Ebenen zu erzielen hofft und nach der Meeresküste transportiren wird, einigermaßen erleichtern.

Ein Vergleich der Höhenprofile dreier Transcontinentaleisenbahnrou= ten,—d. h. der Union Pacific, deren Erbauung nunmehr vollendet ist und die ihre Endstation zu San Francisco hat,—der Northern Pacific in dem Gebiet der Vereinigten Staaten, die bei Duluth am Lake Superior beginnt und deren Erbauung der Vollendung rasch entgegen= geht,—und der Canadian Pacific,—zeigt, daß letztere, was Ansteigun= gen anbelangt, bedeutende Vortheile über die anderen hat. Aus dem Berichte des Herrn Fleming entnehmen wir Folgendes bezüglich darauf, welche Aussagen sowohl interessant als auch von Wichtigkeit sind:

„Die Canadian Pacific Eisenbahn ist nicht allein eine ununter= brochene Route zwischen Häfen am atlantischen und am stillen Meere, sondern sie hat auch, wie obiges, zum Zwecke eines Vergleiches gezeich= netes Höhenprofil zeigt, ausgezeichnete Vortheile, bezüglich auf Structur, über die Union Pacific Eisenbahn. Die niedrigeren und günstigeren Ansteigungen sind aber nicht die einzigen Vortheile."

„Wenn man die Entfernungen genau untersucht, so wird man un= streitig ersehen, daß von Meer zu Meer durch den canadischen Welttheil hin sich eine viel kürzere Eisenbahnroute bauen läßt als diejenige, welche durch die Vereinigten Staaten hin gebaut ist."

„Von San Francisco nach New York über die Union Pacific hin sind es 3,868 engl. Meilen und über den canadischen Welttheil hin von New Westminster nach Montreal sind es nur 2,730 Meilen, also 683 Meilen weniger als über die Union Pacific Eisenbahnroute."

„Durch die Erbauung der Canadian Pacific werden auch die Reisen von New York, Boston und Portland nach der Küste des stillen Meeres

re und salzige
ansiedeln kann.
...y Mountains,
...n Berichte des
...lt, 8,372 Fuß
...route durch die
San Francisco
Die Canadian
...urch die Rocky
..., welcher weiter
..., welchen Herr
...rn sind nicht in
„Tete Jaune",
...ungefähr 100
Transportirung
...u erzielen hofft
...ßen erleichtern.
...aleisenbahnrou-
...r vollendet ist
...orthern Pacific
...uluth am Lake
...rasch entgegen-
...das Ansteigun-
...at. Aus dem
...zufällig darauf,
...zkeit sind:

...eine ununter-
...stillen Meere,
...leiches gezeich-
...auf Structur,
...d günstigeren

...wird man un-
...chen Welttheil
...als diejenige,

...on Pacific hin
...Welttheil hin
...Meilen, also
...ahnroute."
...ch die Reisen
...stillen Meeres

um 300—500 engl. Meilen kürzer werden als sie gegenwärtig sind."

„Im Vergleiche mit der Union Pacific Eisenbahn wird die Reise von Liverpool nach China über die canadische Eisenbahnroute hin, in gerader Richtung, um mehr als 1.000 Meilen kürzer werden."

„Wenn man erwägt, daß die Erbauung der Canadian Pacific Eisenbahnroute wohl mit besonderen Vortheilen vor sich gehen und vollendet werden kann und, wie oben bemerkt, die Entfernungen ganz beträchtlich verkürzert werden, so ist es offenbar, daß die canadische Route, wann sie um einen ununterbrochenen Verkehr zwischen beiden Meeren concurriren wird, in hohem Grade die wesentlichen Elemente besitzt, um einen erfolgreichen Handelsverkehr zu Wege bringen zu können."

Somit läßt es sich ersehen, daß die Canadian Pacific nicht allein Canada, sondern auch dem ganzen englischen Kaiserreiche und seinen Colonien von besonderer Wichtigkeit ist.

Bezüglich auf die Verbindungen der Canadian Pacific Eisenbahn mit dem stillen Meer, sollte davon Notiz genommen werden, daß die Entfernungen zwischen Japan, China, oder überhaupt zwischen der Küste des stillen Meeres, und Liverpool 1.000—1.200 engl. Meilen kürzer per Canadian Pacific als per Union Pacific sind. Darüber schreibt der Herr Prof. Maury, U. S., Folgendes:

„Wenn die Kauffahrteischiffe von China und Japan nach San Francisco segeln, schlagen sie den Weg dorthin in der Richtung der Passatwinde ein und, da Vancouver Island gerade auf diesem Wege liegt, schlagen die Schiffe, um nach San Francisco zu gelangen, den nämlichen Weg ein, als ob sie Vancouver Island erreichen wollten, — so daß man alle Rückladungen natürlich dorthin bringen würde, um zwei oder drei Wochen Zeit und Unkosten zu ersparen und keine Gefahr zu laufen." Man sollte jedoch den weiteren Gewinn von 700 Meilen zwischen Vancouver Island und San Francisco nicht vergessen, welche nicht miteinbegriffen sind in der oben angegebenen Meilenzahl der kürzeren Entfernung, in gerader Richtung per Canadian Pacific.

Diese äußerst wichtigen Thatsachen der Lage bezüglich auf Entfernungen werden noch weit wichtiger befunden werden durch die weitere Thatsache, daß es wichtige Kohlenlager an der canadischen Küste des stillen Meeres und in den Ebenen östlich von den Rocky Mountains gibt. Darüber sagt Sir Charles Dilke, einer von den jetzigen Ministern der englischen Regierung, in seinem Buche, betitelt 'Greater Britain,' Folgendes:

„Die Lage der verschiedenen Kohlengruben am stillen Meere ist von der größten Wichtigkeit, da sie anzeigt, wie mächtig jeder einzelne Landstrich in diesem besonderen Theil der Welt in Zukunft sein wird; aber es ist nicht genug zu wissen, wo es Kohlen gibt, ohne auch zugleich

darnach zu sehen, wieviel es davon gibt, was für Kohlen es sind, ob
sie billig sind und ob sie sich leicht transportiren lassen. In China
und Borneo gibt es weit ausgedehnte Kohlenfelder, sie lieg. aber „auf
dem verkehrten Wege", was Handel anbelangt; anderseits sind die
Kohlenlager Californiens zu Monte Diablo, San Diego und Monterey
ganz günstig gelegen, die Qualität der Kohlen aber ist eine schlechte.
Tasmanien hat gute Kohlen, aber nicht sehr viel, und die Kohlen=
lager, die nächst der Küste liegen, bestehen aus schlechter Kohlenblende.
Die drei Landstriche am stillen Meer, welche nicht umhin können
werden, auf einige Zeit wenigstens, was Fabrikarbeit anbelangt, sich
sehr hoch emporzuschwingen, sind Japan, Vancouver Island und New-
South Wales; welches von diesen aber der reichste und mächtigste
werden wird, hängt hauptsächlich davon ab, wie viel Kohlen es in
jedem einzelnen Landstrich gibt und in welchem die Kohlengruben so
gelegen sind, daß die Kohlen am Billigsten erlangt werden können.
Dem Umstande, daß die Arbeiter auf Vancouver Island so hohes Lohn
verlangen, wird dadurch, daß die Pacific Eisenbahnroute dem öffent=
lichen Verkehr übergeben werden wird, abgeholfen werden. Gegen=
wärtig aber sind in New South Wales die Kohlen am Billigsten und
an seinen Küsten zu Newcastle gibt es Kohlen im Ueberfluß und von
guter Qualität, welche in den Fabriken benutzt werden, allein nicht so
dienlich auf der See sind, da sie gar zu schnell verbrennen und Schmutz
machen. * * * Den Küsten des stillen Meeres steht unvermeidlich eine
großartige Zukunft bevor, aber es ist nicht New Zealand, der Mittel=
punkt der Wasserhemisphäre, welches dieselbe Stelle einnehmen wird,
wie England auf dem atlantischen Meere, sondern ein Land wie
Japan oder Vancouver, welches aus Asien oder aus Amerika, wie
England aus Europa, in den Ocean vorspringt."

Die Frage bezüglich auf Uebergewicht an Macht, welcher Umstand, wie
Sir Charles meint, die mächtige Nation der Zukunft am stillen Meer
machen soll, scheint durch die Thatsache geschlichtet zu sein, daß es
Kohlenlager in Britisch Columbia gibt. Darüber wird in einem andern
Capitel genauere Auskunft gegeben werden; doch möchte es wohl nicht
unpassend sein, in dieser Beziehung hier zu erwähnen, daß, nach der
Aussage des Herrn Dr. G. M. Dawson vor einem Ausschusse des
canadischen Parlamentes während der letzten Sitzung, ein Beamter,
den die Regierung der Vereinigten Staaten speciell angestellt hatte,
damit er ermittele, welche Kohlen an der westlichen Küste sich am Besten
zur Erzeugung von Dampf eigneten, erprobt habe, daß 1.800 Pfund
Nanaimo (Britisch Columbia) Kohlen dieselbe Quantität Dampf her=
vorbrachten, wie 2.600 Pf. Seattle (Washington Territory, U. S.)
Kohlen, wie 2.600 Pf. Coos Bay (Oregon, U. S.) und wie 2.600 Pf.

Monte Diablo (California) Kohlen. Diese Vorzüglichkeit, was Qualität anbelangt, welche der vorurtheilslosen Aussage eines Regierungs-
beamten der Vereinigten Staaten nach den Kohlen, die es in Britisch
Columbia gibt, zuerkannt wurde, schlichtet obige Frage bezüglich auf
Uebergewicht an Macht.

Die einfache Thatsache aber, daß es Kohlenlager in Britisch Columbia
gibt, die sich zu Dampfzwecken eignen, ist nicht die einzige, welche
dieser Provinz in Zukunft eine mächtige Stelle verspricht. Man sollte
ferner in Erwägung ziehen die Entfernungen, die Passatwinde, die
großen Vortheile der günstigen Ansteigungen und Krümmungen und die
kurze Eisenbahnroute, die sich durch eine fruchtbare und wohl bewässerte
Ackerbaugegend anstatt durch dürre Wüsten hin bauen läßt; außerdem
sollte noch dazu das St. Lawrence-Schifffahrtssystem im Osten des
Welttheiles in Erwägung gezogen werden. Alles dies kann nicht umhin deutlich darzuthun, daß es dort die allervorzüglichsten Hilfsquellen
gibt, welche in der nahen Zukunft nicht umhin können werden, einen großartigen Einfluß auszuüben auf den Handel zwischen den Ländern an dem
stillen und denjenigen am atlantischen Ocean. Dies sind Thatsachen, welche
auf den zukünftigen Welthandel einen großen Einfluß ausüben werden.

Man muß noch eine weitere Thatsache in Erwägung ziehen bezüglich auf die Lage Britisch Columbias, nämlich die großen englisch
sprechenden Gemeinden in Australasia, welche so rasch reich und mächtig
werden. Schon besteht ein großer Handelsverkehr zwischen Amerika
und diesen unternehmenden Provinzen, woran Canada Theil zu nehmen
begonnen hat, wie aus den unlängst erstatteten Berichten des Sir R.
W. Cameron, des Bevollmächtigten für Canada bei den beiden letzten
Internationalausstellungen in Australien, zu ersehen ist. Am Bequemsten
und Schnellsten kommt man jetzt nach den australischen Colonien von
irgend einem beliebigen Punkt dieses Welttheiles aus über San Francisco und das stille Meer. Canadiern aber wird in dieser Beziehung
die Canadian Transcontinental Railway, wenn fertig gebaut, noch
weit mehr Bequemlichkeiten gewähren. Das Steinöl, welches man
in so ungeheurer Menge östlich von den Rocky Mountains im canadischen
Nordwesten findet und welches Herr Prof. Selwyn und Andere vor
einem Parlamentsausschuß beschrieben, wird man nach der Küste des
stillen Meeres in Britisch Columbia transportiren, um die Länder am
stillen Meer damit zu versehen. Dieser Steinölhandel in Amerika hat
schon sehr große Dimensionen angenommen.

Durch die gemeinschaftlichen Bedürfnisse der Länder, welche einen
so großen Theil der Weltkugel ausmachen, werden in Bälde die Vortheile
der bezüglich auf Handel so günstigen Lage, die in diesem Capitel nur
sehr bündig beschrieben, ans Licht kommen. Der Ansiedler kann sich

also hoffnungsvoll in Britisch Columbia niederlassen, ohne sich in seinen
Erwartungen getäuscht zu sehen.

III.

Häfen und Binnengewässer.

Die Provinz Britisch Columbia ist bemerkenswerth wegen der großen
Anzahl Häfen und der tiefen zackigen Einschnitte an der Küste
des stillen Meeres. Herr Fleming zählt neun große Häfen am Mainland auf, welche wohl zur Endstation einer Transcontinentaleisenbahn-
route dienen möchten. Diese Häfen sind, den Erkundigungen nach,
die er bei der Admiralität einzogen, von Yokohama, Japan, (welches
als allgemeiner Punkt angenommen wird), entfernt:

Port Essington......................	3,868	engl. Meilen.
Triumph Bay, Gardner Inlet..........	3,983	„
Kamsqurt, Dean Inlet.................	4,079	„
Bella Coola..........................	4 080	„
North Bentinck Arm...................	4,086	„
Englisch Bay, Burrard Inlet..........	4,836	„
Port Moody, „	4,856	„
Howe Sound..........................	4,872	„
Waddington Harbor, Bute Inlet........	4,470	„

Von diesen Häfen scheint also Port Essington an der Mündung des
River Skeena der asiatischen Küste am Nächsten gelegen zu sein und
ist es derjenige Hafen, wohin Segelschiffe mit dem wenigsten Bugsiren
einlaufen könnten.

Vancouver Island besitzt sehr viele Häfen. Ein gewisser See-
offizier berichtet, daß an der westlichen Küste von Vancouver „es
scheinen möchte, als ob die Natur toll auf das Häfen Machen gewesen.“
Im Süden der Insel ist der wohlbekannte Hafen Esquimalt, welcher
drei Meilen lang und zwei Meilen breit und im Durchschnitt 6—8
Faden tief ist. Schiffe jeder Größe können zu irgend welcher Jahreszeit
ohne Schwierigkeit dort einlaufen und finden ausgezeichneten Anker-
grund. Dieser Hafen ist das Hauptquartier der englischen Seetruppen
am stillen Meer. Eben wird eine sehr große Kalfatrocke dort gebaut.

Die Queen Charlotte Islands haben auch viele gute Häfen, eine
wichtige Thatsache, wenn man bedenkt, daß die werthvollen Kohlenlager
auf diesen Inseln die einzigen Glanzkohlen in sich begreifen, welche je
an der Küste des stillen Meeres auf dem amerikanischen Welttheile

entdeckt worden sind. Bezüglich auf die Eigenthümlichkeiten der Küste British Columbias sagte Lord Dufferin in einer Anrede, welche er zu Victoria im Jahre 1876 hielt, Folgendes:

„Der Anblick der Küste die Küstenlinie entlang läßt sich mit keinem in irgend einem anderen Lande der Welt vergleichen. Tag für Tag, eine ganze Woche lang, in einem Schiffe von beinahe 2.000 Last, wanden wir uns durch ein unendliches Labyrinth schmaler Wasserwege, die sich endlos in einem Netzwerk von Inseln, Vorgebirgen und Halbinseln Tausende von Meilen weit dahinschlängelten und still und ruhig wie das Meer nahe bei waren. Auf diesem Zickzackwege entfaltete sich vor uns ein sich stets änderndes Panorama, welches, was Schönheit der Felsen, des Grünen, der Waldungen, der Gletscher und der schneegekrönten Gebirge anbelangt, ohne Gleichen ist. Wenn man in Erwägung zieht, daß dies wunderbare Schifffahrtssystem, welches ebenso wohl den größten Kriegsschiffen als dem schwächsten Kanoe paßlich ist, die ganze Meeresküste Ihrer Provinz befranst und an gewissen Stellen zuweilen mehr als 100 Meilen von der Küste mit einer Menge Thäler, die sich nach Osten ins Inland erstrecken, in Verbindung steht, während es zu gleicher Zeit auf beiden Seiten zahllose Häfen besitzt, kann man nicht umhin, sich zu wundern über die Vortheile bezüglich auf wechselseitigen Verkehr, welche den zukünftigen Einwohnern dieser wunderbaren Gegend so geboten sind."

Flüsse.

Von den Flüssen in British Columbia ist der Fraser der Hauptfluß, welcher sich mit seinen Nebenflüssen über einen großen Theil der Provinz hin erstreckt. Er läuft von seiner Mündung zu Burrard Inlet, der Endstation der Canadian Pacific Eisenbahn am Meer, beinahe gerade nördlich etwa fünf Breitengrade weit nach der Krümmung oberhalb Fort George. Seine oberen Gewässer stehen in naher Verbindung mit denjenigen des Peace River, in einer so nahen Verbindung, daß Sir George Simpson im Jahre 1828, indem er ein paar kurze Tragstellen zwischen schiffbarem Gewässer zu Fuß zurücklegte, eine Reise per Kanoe von York Factory an der Hudsons Bay nach dem stillen Meere machte. Er begann die Reise, welche drei Monate lang dauerte, Anfangs Juli. Sowohl die That als die Thatsache sind bemerkenswerth und zeigen die nahe Verbindung zwischen den enormen Ackerbauhülfsquellen des Peace River Valley und dem stillen Meere einerseits und andererseits den schiffbaren Gewässern der Hudsons Bay.

Der Columbia River fließt einige 100 Meilen weit in British Columbia, indem er die sogenannte „Big Bend" bildet. Der Skeena, der Stikeen und andere kleinere Flüsse in der Provinz wimmeln von

Fiſchen. Es gibt viele kleinere Ströme, Nebenflüſſe des Fraſer und
des Peace, welche zur Berieſelung ſehr zweckdienlich ſind.
Es gibt auch zahlreiche Seen hier und da über die Provinz hin.

———o———

IV.

Das Klima.

Characteriſtik.

In dem Vorwort dieſes Werkes iſt der Characteriſtik des Klimas
in Britiſh Columbia im Allgemeinen nur erwähnt worden, doch iſt
eine genauere Beſchreibung nöthig, wo es ſich um eine ſo wichtige
Sache handelt. Bekanntlich würde die Linie der ſüdlichen Grenze
Britiſh Columbias, falls man ſie quer durch dieſen Welttheil und das
atlantiſche Meer ziehen würde, den europäiſchen Welttheil etwas ſüd-
lich von Paris berühren. Somit hat die Provinz im Sommer die
gleiche Wärme wie Europa in dieſem Breitengrade und Vieles
mehr, gleich dem entſprechenden Klima in Europa. Zwiſchen dieſer
Linie bis zur 60ſten Breitenparallele gibt es in dieſer Provinz die
Klimate Europas zwiſchen dem oben angegebenen Punkt unterhalb
Paris bis hinauf zum Golf Finnland, mit Einſchluß des deutſchen
Kaiſerreichs, der brittiſchen Inſeln und gewiſſer Theile Schwedens
und Norwegens.

Auf die nordweſtliche Küſte des amerikaniſchen Welttheils ſcheinen
dieſelben Verhältniſſe einzuwirken wie auf die nordweſtliche Küſte
Europas und auf den anſtoßenden Welttheil Aſien, indem die Ein-
wirkung großer Maſſen Waſſer und Land ähnliche Wirkungen an entſprechenden Stellen der Hemiſphäre haben.

Eine Broſchüre, herausgegeben unter Anleitung der Regierung
Britiſh Columbias, theilt das Binnenland oder Mainland der Provinz
bezüglich auf Klima in drei Zonen. „die ſüdliche,“ „die mittlere“ und
„die nördliche.“ Grenzen aber dieſer Art laſſen ſich nicht genau be-
ſchreiben, in Folge der Wirkungen der Ungleichheit der Oberfläche. Die
Höhen natürlich machen ein beſonderes Element bezüglich auf Klima
aus. Die Klimata auf Vancouver und anderen Inſeln als auch an
der Küſte des Mainland haben ebenfalls beſondere Kennzüge.

Die südliche Zone.

Die „südliche" Zone liegt meistentheils zwischen der 49sten und der 51sten Parallele nördlicher Breite. „Wenn der Tourist von der Küste ins Inland, über Yale, über die Cariboofahrstraße reist, wird er, wann er durch die Gebirge zieht, Zeichen von Trockenheit bemerken; die Pflanzenwelt ist eine andere. Die der Küste eigenthümlichen Pflanzen machen allmählig, 30—40 Meilen oberhalb Yale, Platz für diejenigen Pflanzen, die weniger Feuchtigkeit nöthig haben." „Die durchschnittliche Temperatur der südlichen Zone während des Jahres ist wenig verschieden von derjenigen des Küstenlandes, aber ein größerer Unterschied ist bemerkbar zwischen der durchschnittlichen Sommer= und Wintertemperatur und ein noch größerer Abstich, wenn man die äußersten Wärme= und Kältegrade mit einander vergleicht. Die ganze Regenmasse und Masse geschmolzenen Schnees in den niedrig liegenden Theilen der südlichen Zone ist äußerst gering; z. B. zu Spences Bridge am Thompson River (760 Fuß über dem Meere, 50° 25 N. L. 8.06° W. L. Green) war die Regenmasse im Jahre 1875 nur 7.99 Zoll, im Ganzen, mit Einschluß des geschmolzenen Schnees, 11.84 Zoll und zu Esquimalt, dem südlichen Theile von Vancouver Island, 35.87. Diese geringe Regenmasse gibt dem offenen oder nur spärlich mit Bäumen versehenen, der Viehzucht so günstigen Graslande Ursprung."

Folgendes, entnommen aus den amtlichen Berichten der canadischen Regierung über das Wetter im Jahr 1875, gibt die durchschnittliche Temperatur der vier Jahreszeiten zu Spences Bridge und an der Küste zu Esquimalt an:

	Winter.	Frühling.	Sommer.	Herbst.
„Spences Bridge	19.8	55.5	67.5	36.2
„Esquimalt	36.1	50.1	57.9	44.9"

Bezüglich auf das Klima im Yalebezirke, welcher wirklich der hauptsächlichste Theil des südlichen Binnenlandes der Provinz ist, entnehmen wir aus oben erwähnter Broschüre folgende Aussagen des Herrn Sproat: „Der Bezirk hat eigenthümliche klimatische Vortheile. Das Klima ist wesentlich verschieden von dem am Lower Fraser und an der Küste, es ist nämlich trockener und, was die Jahreszeiten anbelangt, regulärer. Der Winter ist milder und kürzer im Yalebezirk als der in den Territorialabtheilungen des Inlands nördlich davon. Der Sommer ist heiß, zuweilen sehr heiß, aber es weht gewöhnlich ein leichter Wind in den Thälern und nie hat Einer hier Sonnenstich gehabt. Abends und Nachts ist es im Sommer immer kühl. Man kann sagen, daß es acht Monate im Jahre schönes und angenehmes Wetter gibt und der Winter ungefähr vier Monate lang dauert. Der Schnee ist trocken und selten tief, in verschiedenen Wintern und Gegenden war der Schnee im Durchschnitt 9 Zoll bis 2 Fuß tief auf ebenem Lande, während die den Winden ausgesetzten Abhänge mit noch bei Weitem weniger Schnee bedeckt waren. Zuweilen bringen Pferde und Hornvieh in gewissen Gegenden den Winter ohne großen Schaden im Freien zu, der sorgfältige Landwirth aber speichert genug Futter auf, womit er sein Vieh den Winter über füttern kann." Herr Sproat sagt ferner, daß die Winterkälte eine strenge ist, je höher man in gewissen Theilen dieser Zone die Gebirge besteigt.

Die mittlere Zone.

Die „mittlere" Zone liegt zwischen dem 51sten und dem 58sten nördl. Breitengrad. In dieser Zone „gibt es wegen der hohen Gebirge westlich von dem Columbia River und in dem durch denselben gebildeten Big Bend Areal und auch wegen der riesenhaften Caribbogebirge mehr Rocky-Mountain-Klima als in den Zonen nördlich und südlich davon." Man sagt, es gibt keine zuverlässige meteorologische Statistik über diese mittlere Zone. Es breiten sich über große Theile derselben dichte Waldungen aus, ein Zeichen, daß die Regenmasse eine beträchtliche ist. In dem Goldbezirk unmittelbar westlich von dem Columbia sind die Winter sehr kalt und fällt viel Schnee. Der Theil des Landes westlich von diesem Bezirk in dieser Zone hat ähnliche Kennzüge. Ungefähr im 122sten Meridian beginnen die Ländereien allmählig ins Fraservalley hinabzusteigen und wird das Klima in entsprechender Weise besser." „Buschgras erscheint in diesem Thal wieder und in den Thälern und auf den sogenannten „Benches" und auf den wellenförmigen Hügeln die westlichen Nebenflüsse des Fraser entlang ist das Klima trockener."

Das Klima in den Caribbobergwerkbezirken im Nordosten dieser Zone ist rauh, in Folge ihrer hohen Lage. „Der erste heftige Schneesturm kommt zuweilen im Oktober," und im Mai fängt es gewöhnlich an zu thauen. „In den Thälern 4.000 Fuß über dem Meer ist der Schnee zumeist ungefähr sechs Fuß tief." Wie die Broschüre der Localregierung sich über das Klima in dieser Gegend ausdrückt: „Trotzdem, daß es ziemlich reizlos ist, ist es ein ungemein gesundes Klima."

Die nördliche Zone.

Die „nördliche" Zone liegt der Aussage in obenerwähnter Broschüre nach zwischen dem 58sten und dem 60sten nördlichen Breitengrad. Die canadische Regierung hat keine Wetterstationen in dieser Gegend und nur

hr wenig genaue Auskunft ist gegeben. Den Ackerbauerzeugnissen
ach ist es viel kälter dort, d. h. nach den Erzeugnissen aus gewissen
Theilen des Binnenlandes jenseits der sog. „Arial Range" der Küsten=
gebirge. Westlich davon ist das Klima viel milder, in Folge der Ein=
wirkungen der Küste.

Herr John Macleod, ein erfahrener Hauptagent der Hudsons Bay=
compagnie, sagt aus, daß im Allgemeinen „zwischen dem 53sten und
dem 56sten Grade N. L. das Klima als ein mild=canadisches, mit einem
üppigeren Wachsthum der Pflanzen, beschrieben werden könnte."

Man weiß nur wenig von dem äußersten Norden der Provinz. Die
Prärielegegend an dem Peace River und seinen Armen soll, wie die In=
dianer behaupten, sich weit nach Norden hin erstrecken. Port Simpson,
nahe bei der Grenze Alaskas, hat einen der besten Häfen an der Küste
und das Klima ist nicht viel kälter als das an Häfen weiter südlich.
Der Hafen bleibt den ganzen Winter über eisfrei und Schnee bleibt
nur eine kurze Zeit lang am Boden liegen und zwar ist er nie mehr als
nur zwei Fuß tief gewesen. Aber ohne ausführlichere Ausforschung
läßt es sich eben nicht sagen, bis wie weit hin das Land im Innern
für Ansiedelung geeignet ist.

Vielleicht wird in Bälde, wann die Ansiedelung im großen Nord=
westen fortgeschritten sein wird, eine zweite Pacific Eisenbahnlinie von
Port Simpson nach dem Peace River Valley gebaut werden, welche
von dort mit der Hudsons=Bay Schifffahrt im Osten in Verbindung
stehen würde.

Vancouver Island.

Bezüglich auf das Klima auf Vancouver Island gibt es eine
Menge Aussagen. Der Herr Capitain Vancouver, welcher diese Insel
entdeckt hat, sagte im Jahre 1790 Folgendes aus:—„Das milde
Klima, die zahllosen hübschen Landschaften und das üppige Wachsthum
der Naturerzeugnisse brauchen nur noch durch Gewerbefleiß des Men=
schen, durch Dörfer, Wohnhäuser, Häuschen und andere Gebäude be=
reichert zu werden, um dieses Land zum Reizendsten zu machen, das
man sich denken könnte; während die Einwohner für ihre Arbeit reich=
lich belohnt werden würden durch die Gaben, welche die Natur der
Civilisation bereitwilligst zu schenken scheint."

Der Herr Prof. Macoun sagte vor einem Parlamentsausschusse
aus: „Das Klima in British Columbia westlich von den Cascades, mit
Einschluß von Vancouver und Queen Charlotte Islands, entspricht
außerordentlich demjenigen in Großbritannien, ausgenommen, daß der
Sommer sehr viel trockener ist"

Der Herr Dr. G. M. Dawson sagte vor einem Parlamentsaus=
schusse aus, daß Vancouver, wie die Küste überhaupt, ein mildes und
angenehmes Klima habe, was davon herrühre, weil der Golfstrom des
stillen Meeres die Küste an diesem Punkte berühre, welcher die warmen
tropischen Wasser mit sich bringt. Außer diesen Einwirkungen müssen
auch die bereits erwähnten Einwirkungen der Lage berücksichtigt werden.

Die durchschnittliche Temperatur während des Jahres 1879 zu
Esquimalt, dem südlichen Punkte von Vancouver Island, war nach
den meteorologischen Tabellen der Regierung 49° 99'. Die durch=
schnittliche Temperatur in jedem Monate war:—

Jan.	Feb.	März.	April.	Mai.	Juni.	Juli.	Aug.	Sept.
42.9	48.0	44.9	43.4	48.6	52.4	53.8	53.7	49.3

Oct.	Nov.	Dez.
45.2	48.0	38.4

Es gibt dort sehr wenig Frost oder Schnee. In einem gewissen Jahre
gab es 201 heitere, 96 trübe Tage, 50 Tage Regenwetter und 17
Tage, wo es schneite. Stachelbeeru.. blühten gegen den 15ten
Februar, Frühpflanzen schlugen gegen ..n 2ten März aus und ein=
heimischer Hanf war um diese Zeit schon 3 Zoll hoch. Kätzchen waren
um den 7ten März in voller Blüthe, Butterblumen um den 29sten
März, Erdbeeren um den 13ten April, Apfelbäume um den 6ten Mai
und Bohnen um den 12ten Mai. Um den 25sten Mai waren die
Erdbeeren und um den 9ten Juli die Himbeeren reif.

Ueber das Klima in Victoria sagt ein Reisender Folgendes:—
„Victoria hat ein Klima, welches mit keinem andern zu vergleichen ist.
Es ist Invaliden ganz besonders anzuempfehlen, welche gesund werden
wollen. In der Atmosphäre gibt es Ozon, der Victoria allein eigen=
thümlich ist. Er hat seinen Ursprung in den kühlen Lüftchen auf der
Olympian-Bergkette (ungefähr 60 Meilen südwestlich von der Stadt)
und vermischt sich mit der Salzseeluft des stillen Meeres, wodurch die=
selbe noch mehr dazu geeignet gemacht wird, den Gesundheitszustand
der Invaliden wiederherzustellen und deren Leben zu verlängern, Um=
stände, welche Victoria rasch zur Sanitätsstation an der Küste des stillen
Meeres machen."

Solch ein Klima und solche Landschaften können nicht umhin, sobald
es einmal Eisenbahnverbindung dort geben wird, eine große Anzahl
Touristen und Solcher, welche sich dort wohnhaft niederzulassen ge=
denken, an sich zu locken.

———o———

V.

Ackerbauhülfsquellen.

btheilungen. — Was Herr Dr. Dawson darüber sagt.

Diejenigen Theile von Brittish Columbia, die sich am Besten zum
terbau eignen, sind in dem Capitel über das Klima angegeben worden.
err Dr. G. M. Dawson, der in dieser Provinz ungefähr 5 Jahre
ng in Verbindung mit der „Geological Survey of Canada" thätig
ar, — somit ein zuverlässiger Mann ist, — sagte vor dem in dieser
roschüre schon früher erwähnten Ausschuß Folgendes bezüglich auf
e Ackerbaufähigkeiten dieses Landes aus:— „Von Natur ist British
olumbia in zwei sehr bestimmte Theile, was Ackerbau anbelangt,
urch die Bergkette an der Küste getheilt. Im Inland ist das Klima
gemäßigt und der südliche Theil ist sehr trocken. Das Klima an der
üste ist mild und gleichmäßig. British Columbia muß jedoch im
anzen für ein gebirgiges Land, wo sich Ackerbau treiben läßt, gehal=
t werden, d. h. die Menge des zum Ackerbau geeigneten Landes,
rglichen mit der ganzen Oberfläche, ist ziemlich gering. Ich sage
es nicht zum Nachtheil British Columbias, da man bedenken muß,
ß andere Länder, welche bekanntlich sehr fruchtbar sind, in ähnlichem
stand sich befinden, wie z. B. Californien. Man hat berechnet, daß
r ein Fünfzehntel dieses Staates Flachland ist, nicht gebirgig, und nur
 Theil davon anbaubar ist. Der südliche Theil des Inlandes von
ritish Columbia östlich vom Fraser River ist der Bezirk, welcher so
eit die größte Aufmerksamkeit, was Ackerbau anbelangt, an sich ge=
gen. Feldbau wird in der Regel nur auf den Thälern getrieben,
lche sich weit ausdehnen und wie Gräben die Oberfläche des Plateau's
rchschneiden. Das Klima ist so trocken im Sommer, daß diese
äler berieselt werden müssen. Dies ist jedoch gewöhnlich eine leichte
ache, in Folge der vielen Ströme, welche von den höheren Plateaus
p Gebirgen hinablaufen. Und man erzielt sehr gute Ernten durch
rieselung. Die höheren Plateaus werden nicht bebaut, da sie so
h liegen und im Sommer sich Frost einstellt. Diese höheren Pla=
us jedoch sind reichlich mit Buschgras bewachsen und bilden die so be=
mten, zur Viehzucht geeigneten Landstriche, welche den Süden von
ritish Columbia so wichtig in dieser Beziehung machen. Somit
t das Areal der zum Ackerbau geeigneten Ländereien allein nicht
s volle Maß der Fähigkeit des Landes, eine Bevölkerung zu erhalten,
lche Ackerbau und Viehzucht treibt. Einer, welcher eine ziemlich

B

kleine Meierei in diesen Thälern besitzt, hat - große Viehheerden, welche auf den Hügeln umherstreifen und sich mit den natürlichen Gräsern nähren. Das ganze Areal des zum Ackerbau geeigneten Landes östlich vom Fraser River im Süden von Britisch Columbia umfaßt, wie ich berechnet, etwas weniger als 1.000 engl. Quadratmeilen, wovon ungefähr 500 Quadratmeilen sich wohl leicht nutzbar machen lassen." „Die Bodenbeschaffenheit dieser Thäler ist fast allenthalben sehr fruchtbar. Das Klima ist im Sommer sehr trocken und warm. Es ist ein ungemäßigtes Klima. Im Winter ist es außerordentlich kalt; doch aber bringt das Vieh den Winter sehr gut im Freien zu und nährt sich das ganze Jahr über mit den natürlichen Gräsern."

Die Fähigkeiten zur Landwirthschaft und Weide.

Als Herr Baker, M. P., den Herrn Dr. Dawson bat, die Beschaffenheit und Ausdehnung der zur Landwirthschaft geeigneten Ländereien in dem Fraser-, Kootenay- und Okanaganbezirke zu beschreiben, sagte Letzterer: — „Ich weiß nicht, ob man genau berechnet hat, wie viel Land es um die Mündung des Fraser herum gibt, welches sich zum Ackerbau eigne; aber es gibt dort sehr viel Flachland, zum Theil Prärieland, welches eingedeicht werden muß, um den Ueberschwemmungen des Flusses vorzubeugen und es für Ackerbau nutzbar zu machen. Im Jahre 1877 theilte mir Herr Dewdney mit, daß ungefähr 400,000 Acres bereits in Townships vermessen waren, wovon, wie er berechnete, 230,000 Acres Prärieland oder nur spärlich bewaldetes Land waren. Dazu können 10,000 bis 15,000 Acres guten Landes nahe dem Fraser, zwischen Chilukwewak und Hope, gezählt werden. In der allgemeinen Veranschlagung für das südliche Inland habe ich die Kootenay- und Okanangegend mit einbegriffen. Es gibt einen prächtigen Landstrich am Okanagan Lake, um die Mission herum, wo es bereits ziemlich viele Ansiedler und nicht wenig gute Meiereien gibt. Dann gibt's am Spallumsheen, zwischen Okanagan und Shuswap Lake, viel schönes Land in einem sehr weit ausgedehnten Thale und ist Berieselung hier nicht erforderlich. Man kann dorthin leicht zu Wasser von Kamloops aus gelangen."

Herr Dr. Dawson sagte auch, daß die Fähigkeiten dieser Ortschaften zur Landwirthschaft und Viehzucht nur sehr wenig entwickelt worden wären deßhalb, weil es fast unmöglich ist, die Produkte zu Markte zu bringen; doch würde sich all dies ändern, wann die Erbauung der Canadian Pacific Eisenbahnroute vollendet sein würde. Er sagte außerdem: — „Ich kann nicht genug Rühmens machen von den Gräsern und Weideländern im südlichen Theil von Britisch Columbia. So viel ich weiß, gibt's keine besseren als diese."

Auch sagte er, daß Pferde und Hornvieh über die Gebirgspässe ins nordwestliche Territorium getrieben werden könnten.

Bezüglich auf die nördlichen Theile der Provinz sagte Herr Dr. Dawson aus: — „In dem nördlichen Theile des innern Plateau's bt es noch eine andere niedrige Gegend, deren Areal, wie ich berechnet habe, ungefähr 1.280 engl. Quadratmeilen groß ist. Der Boden derselben ist fast allenthalben gut; da aber diese Gegend größtentheils mit Bäumen bewachsen ist, läßt sie sich nicht so leicht für Ackerbauzwecke nutzbar machen, zudem ist sie von der vorgeschlagenen Route der Eisenbahn entfernt gelegen und wird wohl noch auf einige Zeit unbesetzt bleiben. Doch aber ist es eine Gegend, wovon ich nicht umhin kann, überzeugt zu sein, daß sie am Ende eine Ackerbau treibende Bevölkerung haben wird. Sie liegt größtentheils nördlich von der 51sten Parallele und westlich vom Fraser River in dem Flußgebiet des Nechacca und seiner Nebenflüsse. Die Küstengegend ist natürlich den Hindernissen der Dürre oder der Sommerfröste, die sich von Zeit zu Zeit einstellen, nicht ausgesetzt wie einige von den höher liegenden Gegenden des Landes. Das Klima ist außerordentlich mild und im Allgemeinen gibt viel Land, das sich zum Ackerbau eignet. Auf der Insel Vancouver gibt es, nach der Berechnung des Herrn I. Hunter, der bezüglich darauf für den Canadian Pacific Railway Bericht vom Jahre 1880 Bericht erstattete, 389 000 Acres, die sich zum Ackerbau eignen, wovon ungefähr 300,000 Acres sich sehr gut dazu eignen. Davon sind nur etwa 10,000 bestellt, aber ein großer Theil des Flachlandes auf Vancouver, welches sich zum Ackerbau eignet, ist ebenso sehr dicht bewaldet und, in Folge des hohen Lohnes, welches den Arbeitern gegenwärtig bezahlt wird, und der ziemlich kleinen Anzahl Leute im Lande, ist es doch nicht ein Ersparniß und ein Vortheil, diese Waltungen auszuroden oder diese Länder urbar zu machen."

„Auf den Queen Charlotte Islands gibt es einige 700.000 Acres niedriges Land an der nordöstlichen Küste, wovon ein großer Theil am Ende urbar gemacht werden kann. Gegenwärtig aber ist es auch eine sehr dicht bewaldete Gegend, reich an sehr schönen Bäumen, und ist sie für die Gegenwart von Werth eben wegen ihrer Waldungen."

„An der Mündung des Fraser River gibt es wohl mehr Flachland als auf ganz Vancouver Island und einiges davon ist sehr vorzüglich. Im Allgemeinen sind alle Ländereien in British Columbia, welche angebaut sind, außerordentlich fruchtbar und sind die Ernten, die man auf Vancouver Island und dem Mainland erzielt, ungeheuer. So z.B. hat man 30—40 Bushels Weizen p. Acre im Durchschnitt von ziemlich gut angebautem Land erzielt."

Der Peace River Bezirk in British Columbia. — Die große Wichtigkeit desselben.

Ein beträchtlicher Theil des zum Ackerbau geeigneten Landes in British Columbia liegt östlich von den Rocky Mountains. Darüber sagte der Herr Dr. Dawson Folgendes aus: — „Die östliche Grenze von British Columbia zieht sich in derselben Richtung wie der 120ste Meridian von der 60sten Parallele südwärts bis dahin, wo dieser Meridian die Rocky Mountains berührt. Somit liegt ein großer dreieckiger Theil von British Columbia östlich von den Rocky Mountains. Ich habe berechnet, daß der Theil des Peace River Gebietes, welcher, was Ackerbau anbelangt, von beträchtlichem Werth und mit in British Columbia einbegriffen ist, zwischen 5.000 und 6.000 engl. Quadratmeilen groß ist."

Ferner sagte Herr Dr. Dawson: — „Der Theil der Peace River Gegend, wovon ich zu sprechen im Stande bin, weil ich ihn bereist, liegt südlich von der 57sten Breitenparalle und erstreckt sich bis zum Athabasca River hin. Sein Areal ist annähernd 31,558 Quadratmeilen groß. Die Peace River Gegend ist von Natur von der Upper Saskatchewan Gegend durch einen Strich schlechten Landes den Athabasca entlang getrennt. Die durchschnittliche Höhe dieser Gegend ist etwa 2.000 Fuß oder etwas mehr über dem Meer. Der Boden besteht aus sehr feinem Sand und ist da, wo es den besten gibt, dem des Red River Valley sehr ähnlich. Die Bodenbeschaffenheit ist ganz anders als die der Gegend zwischen dem Red River und dem Peace River. Zur Zeit hat man in jenem Bezirk nur wenig Bestellung unternommen, doch läßt sich die Fruchtbarkeit des Bodens hauptsächlich daran erkennen, daß die natürliche Vegetation darauf eine außerordentlich üppige ist. Im Allgemeinen ist die Peace River Gegend mehr oder weniger dicht bewaldet, aber es gibt auch außerordentlich viel Prärieland. Ich habe berechnet, daß es westlich vom Smoky River ein Areal im Ganzen von 3.000 Meilen oder 1.920.000 Acres gibt. Die Grand Prairie, eine der größten Prärien, welche südlich vom Cunvegan Paß liegt, hat einen Flächenraum von 230.000 Acres, fast Alles Prärie, mit nur etwas Gehölz hier und da. Der Boden ist ausgezeichnet, der von schönen Strömen bewässert wird. Im Ganzen genommen ist diese Gegend in ihrem natürlichen Zustande eine der reizendsten, welche ich je gesehen. Der Rest des Landstriches von 31.550 Quadratmeilen, welcher, weil er flach und nicht sehr hoch gelegen ist, die anbaubare Gegend ausmacht, ist im Ganzen genommen bewaldet und die gewöhnlichsten Bäume darauf sind Pappel-, Birken- und Pechtannenbäume. Wenn man dieses ganze Areal nimmt und davon das Areal all der-

igen Bezirke abzieht, deren Bodenbeschaffenheit bekanntlich eine
lechte ist, und außerdem 20 Prozent für andere Flächenräume, welche
cht angebaut werden können, so bleibt ein Areal des Peace=River Valley=
n 23.500 engl. Quadratmeilen, dessen Boden sich zum Ackerbau
ignet."

Man fragte Herrn Dr. Dawson bei diese: Gelegenheit, ob diese=
emerkungen sich ganz und gar oder nur theilweise auf Britisch Co=
mbia bezögen, worauf er folgende Antwort gab: — „Ich habe vom
nzen Bezirk gesprochen, weil der Theil in Britisch Columbia — etwa
000—6.000 Quadratmeilen Land, das sich zum Ackerbau eignet, —
nlich ist. Ich spreche jedoch nur von dem Theil der Peace River Gegend
dlich von der 57sten Parallele. Ich meine nicht den Theil gegen
orden, weil ich nie dort gewesen bin, somit nur von Hörensagen.
von zu sprechen müßte. Man wird sich einen Begriff über den Werth
r Gegend als einer zur Landwirthschaft geeigneten machen können,
enn ich sage, daß man jährlich mehr als 470.000.000 Bushels
Beizen ernten würde, gesetzt, man besäe das ganze von mir angegebene
real mit Weizenkorn und zwar 20 Bushels p. Acre. Meiner Mei=
ung nach wird am Ende diese ganze Areal cultivirt werden. Ich
eiß nicht ganz gewiß, ob Weizen überall darauf reisen und eine
te Ernte gewiß davon erzielt wird, aber insofern als wir über das
lima urtheilen können, ist es eben so gut oder besser als das in Ed=
onton am Saskatchewan River; und wo man es versucht hat, Weizen
1 Peace River Bezirk zu bauen, hat man factisch eben so guten Erfolg
irin gehabt, wie im Bauen anderer Getreide, wie z. B. im Hafer=
1d Gerstenbau. Somit können wir nicht umhin, zu glauben, daß
h über den größeren Theil dieses Areals hin Weizen bauen läßt und
ne gute Ernte sicherlich erzielt werden kann. Wenn man das veran=
lagte Areal der Prärie allein für fähig zu Ackerbau halten würde,
ürde man nach obiger Berechnung 38,400,000 Bushels ernten."

Herr Dr. Dawson sagte aus, daß die Fröste, welche sich zuweilen im
iommer in dieser Gegend einstellen, nicht heftig genug seien, das
eifen des Weizens und anderer Getreide zu verhindern. Dies,
agte er, habe er als Thatsache aus eigener Erfahrung gelernt. Man
agte ihn, ob wohl zur Zeit, wo er dort war, das Wetter günstiger
s in der Regel gewesen. Im Gegentheil, sagte er. Die Kälte war
ngemein heftiger und doch that der Frost dem Weizen keinen Schaden.
r sagte außerdem:— „Ich sammelte ausgezeichnete Proben Weizen am
udsons Bay Post. In der That kamen die Ernten dieses Jahr
äter als gewöhnlich ein, in Folge nassen Wetters, welches sich gerade
r Erntezeit einstellte und das Reifen der Getreide verzögerte."

Ferner sagte er: — „Weizen gedeiht am Lesser Slave-Lake Post. Ich sah Gerste mit schönen reifen Aehren, welche die Cree Indianer am Sturgeon Lake auf dem Plateau und am Fort St. John, den Peace River weiter hinauf und beträchtlich näher den Gebirgen, gezogen; Gerste und Hafer sind bekanntlich schon gegen den 12ten August, im Jahre 1875, reif gewesen, trotzdem, daß an demselben Orte im Jahre 1879 Weizen ein Mißwachs war. Fort St. John liegt nahe dem westlichen Rande der Gegend, welche ich, was Landwirthschaft anbelangt, für so werthvoll halte. Freilich ist es sehr wünschenswerth, in ein paar anderen Ortschaften noch weitere Versuche anzustellen und zwar in Ortschaften, die man für die ungünstigsten hält, um das Schlimmste und das Beste, das sich vom Lande sagen läßt, aufzuweisen."

Die äußerst große Wichtigkeit der Thatsachen, die Herr Dr. Dawson dargelegt, kann man kaum überschätzen, in Beziehung auf Handel und Ansiedelung sowohl in British Columbia als auch in Canada überhaupt.

Die Aussage des Herrn Prof. Macoun, des Botanikers für die Pacific Railway Survey, läuft genau auf eins hinaus wie diejenige des Herrn Dr. Dawson, bezüglich auf die Ackerbaufähigkeiten der Provinz British Columbia, in der That schlägt sie sie wohl noch weit höher an. Er sagt:— „Meiner Meinung nach ist beinahe die ganze Peace River Gegend (mit Einschluß des Theiles in British Columbia) wohl geeignet zum Cerealienbau jeglicher Art und sind zwei Drittel davon zum Weizenbau. Der Boden ist eben so gut als in irgend welchem Theile der Provinz Manitoba und das Klima wohl etwas milder." „Nach Allem, was ich bemerkt, scheint die ganze Peace River Gegend mit eben so gutem Erfolg angesiedelt werden zu können wie Manitoba. Der Boden schien reichhaltiger zu sein, die Gegend ist mehr bewaldet, es gibt dort keine Salzsümpfe oder Salzseen, das Wasser ist überall gut, es gibt keinen Frost im Sommer, es stellt sich der Frühling eben so zeitig ein und der Winter gar nicht früher." „British Columbia ist der Garten des Staates." „Der Boden auf den Thälern (in British Columbia) ist immer gut."

Obstbaumzucht und Landwirthschaft.

Derselbe sagt:— „Es gibt wohl keinen Landstrich auf der Welt, der sich besser zur Obstbaumzucht eigne als in der Nachbarschaft von Victoria. Aepfel und Birnen von beträchtlicher Größe wachsen dort in Fülle. Es gibt so viele Aepfel, daß man sie kaum um irgend einen Preis verkaufen kann. — Nachdem die Eisenbahnroute gebaut sein wird, wird Vancouver

ngeheuere Massen Obst ins Inland versenden, da jegliche Art in be=
liebiger Menge gezogen werden kann."

Als Se. Excellenz, der Marquis von Lorne, Victoria im Jahre
1882 besuchte, erstaunte er sich über die Fähigkeiten dieser Gegend zur
Obstbaumzucht als auch über ihre anderen Ackerbauhülfsquellen und
sagte er in einer schon oft erwähnten Anrede Folgendes: —

„Es würde sich wohl der Mühe lohnen, in Zukunft im ganzen
Innenlande von British Columbia Schafzucht zu treiben. Wolle
und Wollenwaaren werden immer sehr viel Nachfrage finden, da so
viele sich gegenwärtig so massenhaft in die Gegenden eindrängen,
welche heut zu Tage als der sogenannte Nordwesten bekannt sind, in
Wirklichkeit aber zu Ihrem Nordosten und Osten liegen. Es gibt
keinen Grund, weßhalb British Columbia für diesen Theil unseres
Bundesgebietes nicht das sein sollte, was Californien für die Vereinig=
ten Staaten Amerikas ist bezüglich auf Obst, womit es dieselben ver=
sieht. Die Vorzüglichkeit der kleineren Früchte, welche in British
Columbia wachsen, ist unvergleichlich und Sie müßten sich, was Wein=
trauben, Pfirsiche, Birnen, Aepfel, Kirschen, Pflaumen, Aprikosen und
Johannisbeeren anbelangt, nur mit der Halbinsel Ontario zu messen
haben." Ferner sagte Se. Excellenz: — „Für Diejenigen, welche
1.000—3.000 zur Verfügung haben, kann ich mir keine bessere Be=
schäftigung denken als Viehzucht oder Cerealienbau in Ihrem Lande.
Der bei Ihnen gezogene Weizen steht dem besten Weizen, welcher in
irgend einem anderen Theile der Welt gewachsen, in keiner Beziehung
nach und Heizungsmaterial gibt es bei Ihnen überall die Menge.
Nachdem Sie einmal gute Landstraßen haben werden und Ihre Deiche
am Fraser River entlang gebaut sein werden, werden Sie über mehr
Land verfügen können, worauf Ansiedler sich niederlassen könnten; denn es
gibt in dieser Provinz stille Flußthäler, welche in den reichen Waldun=
gen versteckt daliegen, worauf sich Landbau mit gutem Gewinn treiben
ließe. Wie im vergangenen Jahre im Nordwesten, so habe ich mich
auch dieses Jahr bei verschiedenen Ansiedlern in Ihrem Lande darnach
erkundigt, wie es ihnen hier zu Lande ginge, und habe nur sehr güns=
tige Aeußerungen darüber vernehmen können. Um Ihnen die Wahr=
heit zu sagen, erwartete ich wirklich überall hier nur Brummbären an=
zutreffen, fand aber nur einen einzigen! und zwar einen allzu empfind=
lichen Jüngling, welcher vordem in einer von unseren schönen Städten
der Provinz Ontario wohnte."

———o———

VI.

Walbungen.

Die reichen Walbungen in der Provinz Britifh Columbia.

Britifh Columbia ift reich an Walbungen. Die „Douglas Pine" ober „Fir", auch genannt „Oregon Pine", ift gegenwärtig der Baum, welcher, was Handel anbelangt, von größtem Werthe ift. Derfelbe gelangt zu ungeheurer Höhe. Es gibt in der Gartenanlage zu Ottawa, wo die Regierungsgebäude find, einen Theil des Baumftammes von einem diefer Bäume, welcher 8 Fuß und 4 Zoll im Durchmeffer mißt und zwanzig Fuß über dem Boden abgefägt wurde. Der Baum, wovon derfelbe abgefägt wurde, war 305 Fuß hoch. Diefe Bäume find fehr gerade und das Holz ift grobäderig, fehr hart, unbiegfam und von außerordentlicher Stärke in der Quere. Viel Bauholz jeglicher Größe und Geftalt wird daraus bearbeitet. Es gibt wenig Arten Holz, die fich eben fo gut wie jenes zu Gebälten, Brücken, Bänden u. f. w. anwenden laffen. Diefes Holz eignet fich ausgezeichnet zum Schiffbau, da feine Länge, Geradheit und Stärke es befonders nüßlich zu Maften und Spieren machen. Man hat Maftbäume von 130 Fuß Länge und 42 Zoll Durchmeffer, achteckig zugehauen, verfchifft. Diefes Holz ift auch fehr nüßlich, Fäffer für Butter und andere Lebensmittel, die man frifch und wohlriechend halten will, daraus zu machen. Es wird in Menge nach Auftralien, Südamerika, China u. f. w. ausge= führt. Herr Dr. Dawfon fagt, daß die nördliche Grenze, bis wohin es diefen Baum gibt, der Skeena River und die Tatla und Babine Lakes und die öftliche Grenze die Rocky Mountains feien. Es gibt Douglas Pine die Fülle an den öftlichen Abhängen der Gebirge, fo weit als bis zu den Porcupine Hills hin, und man benußt diefelbe im weftlichen Theil der Prärieegend jeßt fehr viel zu Bauzwecken.

In jedem Theil von Britifh Columbia gibt es ausgezeichnetes Holz die Menge zu Bau= und anderen Zwecken. Die Küftengegend hat eben den Vorrang, da man das Holz von dort aus viel leichter ausführen kann. Die riefenhafte Höhe der Bäume rührt, wie Herr Dr. Dawfon meint, von der Milde und Feuchtigkeit des Klimas her. Er erwähnt befonders des Cederbaumes als eines von

außerordentlichem Werthe, wovon welche zuweilen 17 Fuß im Durch=
messer messen, jedoch pflegen diese sehr hohen Cederbäume mehr oder
weniger hohl zu sein. Die Indianer machen ihre wohlbekannten,
prächtigen Canoen aus diesen hohen Cederstämmen.

Andere Bäume von Werth, welche es in Britisch Columbia gibt,
werden viel Aufmerksamkeit an sich ziehen. Herr Dr. Dawson er=
wähnt der „Spruce" als eines Baumes, der ausgezeichnetes Holz hat.
Dieses Holz ist nicht so weich als das der Spruce, welche es in den
östlichen Provinzen gibt, und ist von anderer Art. Die „White Pine",
welche auch verschieden von derjenigen ist, die es im Osten gibt, hat
eben so gutes Holz, ist aber in der Regel so weit von der Meeresküste
zu finden, daß man sich ihres Holzes bisher nicht sehr viel bedient
hat. Die „Hemlock" wächst viel höher als diejenige, welche man
im Osten findet, und hat gutes, knotenfreies Holz. Man findet diesen
Baum die ganze Küste entlang und in einem beträchtlichen Theil
des Inlandes. Auf den Queen Charlotte Islands findet man
welche Hemlocks, die 200 Fuß hoch sind. Das Holz des „Maple",
welchen man an der Küste findet, ist schön geädert und besonders
nützlich zu Kunsttischlerei. Die „Oak" findet man nur in dem
südlichen Theil der Küste. Bezüglich auf Handel ist dieser Baum
nicht von großer Wichtigkeit, weil es nicht genug Bäume von dieser
Gattung gibt. Das Holz der „Yellow Cedar" oder „Cypreß" wird
wohl viel Aufmerksamkeit an sich ziehen. Man findet diesen Baum
in den nördlichen Theilen der Küste. Sein Holz ist ein ausgezeichnet
schönes, geeignet zu Kunsttischlerei, da es ein dichtes, sehr dauerhaftes
Holz ist, durchdrungen von einer harzigen Substanz, welche es vor
Verderben bewahrt und ihm einen eigenthümlichen Wohlgeruch gibt.
Die „Yellow Pine", die man in dem trockenen südlichen Theil des
Plateau's im Inland findet, ist dort ein sehr werthvoller Baum. Herr
Dr. Dawson sagt, daß man das Holz der Yellow Pine sogar dem der
Douglas Pine vorzieht da, wo es diese beiden Arten Bäume in einer
und derselben Nachbarschaft gibt.

Herr Dr. Bell sagte vor dem Parlamentseinwanderungsausschuß
voriges Jahr, daß es 30 verschiedene Arten Bäume zu Nutzholz
westlich von den Rocky Mountains gäbe.

Was für Bäume es hauptsächlich in dieser Pro= vinz gibt.

In der Broschüre, herausgegeben von der Provinzialregierung, sind
folgende Bäume als diejenigen, welche es hauptsächlich in Britisch Co=
lumbia gibt, angegeben: —

„Douglas Pine", „Douglas Fir", im Handelsfach „Oregon Pine" genannt. „Western Hemlock". „Engleman's Spruce": wächst hoch und gerade. Das Holz mißt über 8 Fuß im Durchmesser. Im östlichen Theil der Provinz und auf dem inneren Plateau entspricht dieser Baum der „Douglas Spruce", die an der Küste wächst. Dichte Waldungen davon gibt es auf den Gebirgen. „Menzies Spruce": wächst sehr hoch und ist meist an der Küste zu finden. „Great Silver Fir": ist ein sehr hoher Baum, den es an der Küste gibt. „Balsam Spruce": gibt es die Menge in den Gold- und Selkirkbezirken und östlich vom McLeod's Lake. „Williamson's Alpine Hemlock": ist zu rar und wächst zu hoch die Gebirge hinauf, um von Nutzen sein zu können. „Red Pine", „Yellow Pine" oder „Pitch Pine": eine Varietät der schweren „Yellow Pine", die es in Californien und Oregon gibt. Das Holz ist sehr hübsch und mißt bis zu 4 Fuß im Durchmesser. „White Pine", („Mountain Pine"): in der Columbiagegend, an den Schuswap und Adam's Lakes und im Inlande von Vancouver Island. „White barked Pine": wächst niedrig. „Western Cedar", („Giant Cedar" oder „Red Cedar"): wächst oft 100—150 Fuß hoch. Das Holz mißt bis zu 15 Fuß im Durchmesser, ist von blaßgelblicher oder rötlicher Farbe und sehr dauerhaft. „Yellow Cypreß" („Yellow Cedar"): an der Mainlandküste, auf Vancouver und den Queen Charlotte Islands. „Western Larch" („Tamarac"): auf den Rocky Mountains, in den Selkirk- und Goldbezirken, westlich bis zum Okanagan Lake hin. Es ist ein hoher Baum, dessen Holz hart, grobäderig und dauerhaft ist. „Maple": auf Vancouver und den angrenzenden Inseln, den Queen Charlotte Islands und an der Mainlandküste, hinauf bis zum 55sten Grad. Das Holz ist hart und werthvoll und mißt bis zu 4 Fuß im Durchmesser. „Vine Maple": nur an der Küste anzutreffen. Das Holz ist sehr hart und weiß. „Yew": auf Vancouver und an den gegenüber liegenden Mainlandufern. Das Holz ist sehr hart und von hübscher Rosenfarbe. „Crab Apple": wächst alle Küsten entlang. Das Holz ist sehr hart, läßt sich gut poliren und ist sehr dauerhaft. „Alder": am Lower Fraser. Das Holz mißt bis zu zwei Fuß im Durchmesser und ist gut zu Möbeln. „Western Birch": in der Columbia Gegend und „Paper Birch" oder „Canoe Birch": am Upper Fraser und Peace River. „Oak": meist auf Vancouver Island, wächst bis zu 70 Fuß hoch. Das Holz mißt bis zu 3 Fuß im Durchmesser. „Dogwood": auf Vancouver und an der Küste gegenüber. „Arbutus": auf Vancouver und angrenzenden Inseln, wächst bis zu 50 Fuß hoch. Das Holz ist enggeädert, schwer, demjenigen des „Box" ähnlich und mißt bis zu 20 Zoll im Durchmesser. „Aspen Poplar": gibt's die Menge im ganzen Binnenlande. Das Holz mißt bis zu zwei Fuß im Durchmesser.

Drei andere Varietäten Poplar gibt's, gewöhnlich unter dem Namen „Cottonwood" bekannt: Die eine Gattung wächst an der Küste und ist wohl nicht über Yale hinaus zu finden. Das Holz derselben ist das nämliche, dessen man sich so viel in Puget Sound bedient, um Zuckerfaßdauben für San Francisco zu machen. Die beiden anderen Arten kommen auf den Thälern im Inlande vor. „Mountain Ash": im Inland. „Juniper" oder „Red Cedar", gewöhnlich unter dem Namen „Pencil Cedar" bekannt: an der östlichen Küste von Vancouver und die Ufer des Kamloops und anderer Seen im Inland entlang.

Es ist offenbar, daß es einem Ansiedler in British Columbia nie an Holz zu irgend welchem Zwecke mangeln wird. Ferner ist es ganz einleuchtend, daß dieser enorme Holzreichthum, welchen die Waldungen in dieser Provinz gewähren, nicht umhin können wird, in Bälde Industrie und einen großen Handel zu Wege zu bringen.

---o---

VII.

Die Fischereien.

Die verschiedenen Fische, welche es in British Columbia in ungeheurer Menge gibt.

Die Fischereien in British Columbia gehören zu den reichsten, wofern sie nicht die reichsten in der Welt sind. Vielleicht sind nur diejenigen an der östlichen Küste Canadas mit diesen zu vergleichen. Die Fischart, welche eben in British Columbia von der größten Wichtigkeit ist, sind die Lachse. Die vorzüglichsten findet man im Fraser River. Es gibt in diesem Flusse 5 verschiedene Gattungen über eine Strecke von 1 000 Meilen hin. Der „Silver Salmon" erscheint im März oder am Anfang des Monates April und bleibt bis Ende Juni. In der Regel ist er 4 — 25 Pfd. schwer; ja, man hat sogar über 70 Pfund schwere gefangen. Die zweite Gattung Lachs kann man vom Juni bis zum August fangen und diese wird für die Beste gehalten. Diese Lachse sind in der Regel nur 5—6 Pfd. schwer. Die dritte Art Lachse, welche im August erscheinen, wiegen gewöhnlich 7 Pfund und schmecken sehr gut. Der „Roan" oder „Humpback Salmon" kömmt alle zwei Jahre im August und bleibt bis zum Winter. Derselbe wiegt etwa 6—14 Pfd. Der „Hoofbill" kömmt im September, bleibt bis zum Winter und wiegt 12—15, ja, welche davon wiegen sogar 45 Pfd. Man verkauft die Lachse in

Victoria zu 5 c. für das Pfund. Der Lachsfischfang in Britisch Columbia gibt zur Zeit nicht das geringste Zeichen von Erschöpfung.

Der „Dulachan", ein kleiner Fisch, welcher der „Sprat" ähnlich ist und am Ende des Monates April erscheint, schmeckt sehr gut, mag er uneingesalzen, eingesalzen oder geräuchert sein. Es läßt sich aus demselben ein feines und vorzügliches Oel abpressen. Es gibt tausende davon im Flusse und die, welche im Norden gefangen werden, sollen so voll von Oel sein, daß sie wie eine Kerze brennen werden.

Es gibt auch verschiedene Arten „Cod" in Britisch Columbia. Sehr große Sandbänke soll es im Gulf of Georgia geben, worauf diese Fische erzeugt werden.

Den „Sturgeon", einen sehr großen Fisch, gibt es in den Flüssen.

Während der Wintermonate gibt es auch „Herring" die Menge dort und zwar von sehr gutem Geschmack, mag er uneingesalzen sein oder geräuchert.

„Anchovies" stehen den Dulachans nur daran nach, was Menge anbelangt. Diese lassen sich während des Herbstes sehr leicht fangen.

„Haddock" gibt's während der Wintermonate.

Der „Dogfish" läßt sich in den Baien und Einbuchten dort sehr leicht fangen und das aus demselben abgepreßte Oel ist von bedeutendem Werth.

In fast allen Binnenseen und Strömen daselbst gibt es „Trout", einen ausgezeichneten Fisch, der 3—8 Pfund wiegt.

„Oysters" gibt es überall in dieser Provinz. Sie sind nicht mit den Austern, welche man an der östlichen Küste findet, zu vergleichen. Es ist deshalb anempfohlen, daß Austerlager gepflanzt werden sollten, mit einigen von den besten Arten aus den östlichen Gewässern. Derselbe Rath ist auch bezüglich auf „Lobsters" gegeben, welche es in den Gewässern von Britisch Columbia nicht gibt, obgleich kein Grund vorhanden zu sein scheint, weshalb diese nicht gedeihen sollten. „Fur Seals" von großem Werthe gibt es die Küsteninseln entlang und „Sea Otter" gab es früher auch. Letztere scheinen aber jetzt ausgestorben zu sein. In den nördlichen Seen gibt es viele „Whales" und könnte man Wallfischfang von Britisch Columbia aus mit großer Bequemlichkeit treiben.

Die Fischereierzeugnisse.

Die Broschüre, herausgegeben von der Regierung der Provinz Britisch Columbia sagt:— „Wenn der Anschlag des Inspectors der Fischereien in Canada bezüglich darauf, wie viel Fische die Indianer verbrauchen, richtig ist, so erzeugen die Fischereien in Britisch Co-

umbia bereits mehr als diejenigen in irgend welcher Provinz Cana=
das. Die Fischereien in Britifh Columbia find bis jetzt noch faft
unangetaftet, was Induftrie anbelangt, mit Ausnahme der Lachs=
fifcherei, welche rafch eine wichtige Induftrie geworden ift. Lachs=
fifcherei wird gegenwärtig hauptfächlich auf dem Lower Frafer getrieben,
in dem fruchtbaren Ackerbaubezirk von New Weftminfter, durch welchen
die Eifenbahn geht. Lachsfifcherei wird auch auf den Flüffen Skeena
und Naß getrieben und an verfchiedenen Stellen an den Küften. Faft
alle Lachfe, die in Britifh Columbia gefangen werden, werden in luft=
dichte Kännchen verpackt und nach Europa ausgeführt; einige werden
eingefalzen oder geräuchert.''

„Im Jahre 1876 gab es nur drei „Canneries'', (wo Lachfe in
luftdichte Kännchen verpackt werden), welche 8,247 Kiften, (jede ent=
haltend 48 ein Pfund fchwere Kännchen), verfchifften. Im Jahre
1882 wurden 250.000 Kiften verfchifft, $1.247.000 werth. Andere
Canneries mehr find kürzlich in Gang gefetzt worden. Während der
Jahreszeit, wo Lachsfifchfang getrieben wird, gewähren die Lachs=
fifchereien jetzt ungefähr 3.000 Leuten Befchäftigung.''

„Ein auffallender Unterfchied zwifchen den canadifchen Fifche=
reien am atlantifchen Meer und denen am ftillen Meer ift der,
daß es mehr Lachfe in den Gewäffern des ftillen Meeres (oder den
Gewäffern in Britifh Columbia) gibt. Im Frafer River fing man
mit einem 100 Faden langen, vom Fifcherboot langfam dahinge=
triebenen Netz 853 Lachfe innerhalb zehn Stunden. Es gibt auch
mehr A r t e n Lachfe in den Gewäffern in Britifh Columbia, — von
fechs mehr oder weniger reichlichen Arten find vier ausgezeichnet zum
Effen und von diefen vieren find drei in fo reichlicher Fülle vorhanden,
daß fie von Wichtigkeit fein könnten, was Handel anbelangt. (Es
foll noch eine fiebente Art geben, — einen vorzüglichen Lachs, den es
aber nicht in den Flüffen gibt.)''

„Ferner erftrecken fich die Lachfe, welche es im nördlichen ftillen
Meere gibt, über einen gewiffen Theil des Meeres hin, welcher viel
größer ift als der Theil, über welchen fich die Lachfe im weftlichen atlan=
tifchen Meer erftrecken. Manche erftrecken fich von Californien bis nach
dem nördlichen China hin. Lachfe von einerlei Gattung find in bemerk=
licher Weife in Qualität von einander verfchieden in den verfchiedenen
Flüffen des Nordweftens, aber es kann nicht gefagt werden, daß die
Lachfe aus irgend einem von den großen Flüffen, im Ganzen genom=
men, befonders vorzüglicher find; die Qualität ift im Durchfchnitt un=
gefähr diefelbe.''

„Man hat die gewöhnlichen Fifchereien fo ziemlich vernachläffigt,
da man das Capital hauptfächlich auf Lachsfifcherei anzulegen vorzog.
Herrings und Oulachans find eingefalzen oder geräuchert worden oder

man hat Oel aus denselben abgepreßt. Eine Fabrik ist im Gange,
wo Dünger aus Häringen gemacht wird. Als ein Seeerzeugniß ist
nächst dem Lachs der Fur-Seal von bedeutendem Werthe wegen
seines Pelzes. Der Ertrag von letzterem ist fast $200.000 jährlich.
Dies werthvolle Thier findet man nicht an der atlantischen Küste.
Oel ist ein anderes Seeerzeugniß, welches auch von Wichtigkeit ist.
Die Berichte zeigen, daß mit jedem Jahr immer größere Quantitäten
Oel aus Dogfisches, Seals und „Porpoises" und, wie oben erwähnt,
aus Herrings und Oulachans gewonnen worden sind."

„Es gibt einen Fisch in Menge, welcher zu derselben Gattung ge=
hört wie der gewöhnliche Häring und demselben, dem Aussehen nach,
sehr ähnlich ist. Dieser Fisch nähert sich den Ufern in ungeheurer
Menge zwischen Februar und Juli. Viele Arten Cod, verwandt mit
dem wirklichen Cod, gibt es und letzteren mag es wohl auf den Sand=
bänken weiter weg vom Ufer geben; da aber gegenwärtig dieser Fisch
nicht viel Nachfrage an der Küste findet, haben nur Wenige Lust, sich
in Kosten zu setzen, um Sandbänke aufzusuchen, wo es Cod geben
mag. Eine gute Art, bekannt dort unter dem Namen „Redfish",
gibt es im Ueberfluß. Dieser Fisch ist deshalb von röthlicher Farbe,
weil er um mit Unkraut bewachsene Felsen herum lebt. Auf den
Sandbänken etwas von der Küste Alaskas weg, wo es Codfishes gibt,
welche dem „Eastern Cod" entsprechen, fischen die Amerikaner regel=
mäßig und es gibt wohl denselben Fisch in den Gewässern British-
Columbias. „Halibut" gibt's die Menge von bedeutender Größe
und guter Qualität. Man findet diese Fischart in den Gewässern
des Inlandes auf den Sandbänken etwas weiter von der westlichen
Küste von Vancouver Island weg und auf vielen Sandbänken weiter
nördlich. „Sturgeon", bis zu 1.000 Pfd. schwer, gibt es die Menge
im Fraser und in einigen von den größeren Flüssen. Der „Oulachan"
(„Candlefish", „Oilfish" oder „Greasefish",) ist ein werthvoller,
wohlschmeckender Fisch, ungefähr 8 Zoll lang. Derselbe kömmt im
Frühling in die Nähe des Ufers. Man findet Oulachans in großer
Menge im Fraser River im Monat Mai; weiter nördlich gibt es
fettere davon. „Surf Smelt" gibt es in fast eben so reichlicher Fülle
wie die Oulachans. Dieser Fisch ist ungefähr eben so groß wie der
Oulachan und schmeckt außerordentlich gut. Der sehr gewöhnliche
kleinere Smelt ist ein guter Fisch zum Essen, sein Fleisch aber ist
zarter als das des Surf Smelt und des Oulachan. Viele andere
Arten Fische, welche gut zum Essen sind, bringt man dort zu Markte.
Diese lassen wir hier unaufgezählt. „Trout" gibt es die Menge in
den Seen und Strömen und zwar von guter Qualität. Den so hoch=
geschätzten „Whitefish" gibt es in Fülle in den Seen im mittleren

nd nördlichen Binnenland der Provinz. Einheimische Oysters gibt
s, Lobsters hat man aber nicht gefunden. Die „Eastern Oysters"
nd Lobsters sollten eingeführt werden. Die Lobsters nähren sich von
ist den nämlichen Nahrungsstoffen wie die „Crabs", wovon es so viele
n den Küsten der Provinz gibt, und würden, was Handel anbelangt,
inen großen Werth haben. Die Eastern Oyster möchte wohl gedeihen
önnen, wo die einheimische gedeiht. Diejenigen, welche die Küste
shr wohl kennen, geben viele Stellen an, welche sich wohl zu Auster-
igern eignen möchten, — in dem New Westminster Bezirk, an den
Vancouver Küsten, und im Masset Sound und Virago Harbour, an
er nördlichen Küste der Queen Charlotte Islands. Oysters und
obsters werden östlich von den Rocky Mountains und auf den euro-
äischen Märkten so viel Nachfrage finden, daß diese Fischereien sich
asch, was Werth anbelangt, der Lachsfischerei stolz an die Seite
ellen könnten."

„Es ist ganz und gar einleuchtend, daß in Zukunft der Ertrag von den Fischereien in der Provinz ein enormer sein wird. Mittelcanada wird reichlich mit Seefischen aus
British Columbia versehen werden, sobald als es Eisenbahnverbindun-
en zwischen diesen beiden Gegenden geben wird.

———o———

VIII.
Die Mineralhülfsquellen.

Die „Centralindustrie".

Herr Dr. Dawson, auf dessen Aussagen bezüglich auf dieses Thema
man sich verlassen kann, sagte Folgendes bei Gelegenheit der letzten,
bereits früher erwähnten Sitzung: — „Der Minenbau ist schon gleich
n Anfange die Hauptcentralindustrie in British Columbia gewesen
nd wird wohl noch fortdauern dieselbe zu sein, um welche sich all die
anderen gruppiren." Er sagte ferner: — „In dieser Provinz gibt's
ine ungefähr 800 Meilen lange und ca. 400 Meilen breite Gebirgs-
nd Plateaugegend, die derjenigen entspricht, welche all die Erze der
westlichen Staaten und Territorien liefert und letztere als Metall
erzeugende Gegenden so berühmt gemacht hat. Die Entwickelung der
Minenindustrien in British Columbia hat bis jetzt nur eben erst be-

Goldhaltige Felsen von gleichem Werthe wie diejenigen in Californien.

Bezüglich auf die Goldminen hat man Herrn Dr. Dawson gefragt, ob Grund vorhanden sei, anzunehmen, daß die goldhaltigen Felsen in Britisch Columbia in geologischer Beziehung von gleichem Werthe seien wie die reichen goldhaltigen Felsen in Californien. Seine Antwort war: — „Ich glaube, daß sehr wenig Grund vorhanden ist, zu bezweifeln, daß die goldhaltigen Schiste in geologischer Beziehung von gleichem Werthe seien wie die goldhaltigen Felsen in Californien." Wie werthvoll diese sind, das weiß die ganze Welt.

Bezüglich auf die Gründe, weshalb die Entwickelung der Minenindustrien in Britisch Columbia bis jetzt nur eben erst begonnen hat, sagte Herr Dr. Dawson: — „Das Land ist großentheils waldbedeckt, worauf Einem das Forschen nach Minen viel schwerer fällt; ferner lebt man dort eben sehr theuer und sind einige von den Orten, welche am Günstigsten sind, was Metall erzeugende Lager anbelangt, gegenwärtig überhaupt nur mit Schwierigkeit zu erreichen und, möchte ich hinzufügen, sind auch die Einwohner des Landes vielfach durch die erfolglosen Nachforschungen, welche mit vielem Unverstand zuerst unternommen worden sind, abgeschreckt und davon abgehalten worden, Unternehmungen dieser Art weiter zu verfolgen." Er fuhr fort: — „Gold ist aber bekanntlich fast weit und breit über die ganze Provinz Britisch Columbia hin verbreitet. Es gibt kaum einen Strom von einiger Größe in irgend einem Theile der Provinz, aus dessen Sand wenigstens nicht ein Bischen Gold gewonnen werden kann, und an 105 Stellen, die ich mir im Jahre 1877 in einen Katalog eingetragen, hatte man factisch Goldwaschen getrieben. Der hauptsächliche goldhaltige Landstrich in Britisch Columbia erstreckt sich von Südosten bis nach Nordwesten, gerade im Innern der Rocky Mountains, und faßt in sich die Minenortschaften, welche Kootenay, Big Bend, Cariboo, Omineca und Cassiar genannt worden sind. Von Süden nach Norden gewann man innerhalb der Jahre 1858 und 1882 in Britisch Columbia Gold im Werthe von $46.685 334, was ein hoher Ertrag ist, wenn man in Erwägung zieht, daß die durchschnittliche Bevölkerung in der Provinz während dieses ganzen Zeitraumes aus nicht mehr als ungefähr 10.000 Weißen bestand. Die durchschnittliche Anzahl Bergleute, welche auf diesen „Placers" (ursprünglich ein spanisches Wort für Stellen, wo es Goldstaub gibt,) arbeiteten, ist 2.940 gewesen. Der durchschnittliche Ertrag, den jeder Arbeiter jährlich einbrachte, würde, wenn man den Totalgoldertrag durch die Zahl von Bergleuten dividirt, mehr als $600 sein.' Man sollte auch in Erwägung ziehen,

ß man auf diesen Placers in der Regel nur im Sommer arbeiten
nn und daß also jeder Arbeiter so viel nur durch wirkliche Arbeit
ährend weniger als sechs Monate jährlich eingebracht. Den höch=
n Ertrag gab das Jahr 1864, wo Gold im Werthe von $3,735,850
s dem Lande versandt wurde. Voriges Jahr gewann man Gold
n Ganzen im Werthe von nur $1,013,827. Seit dem Jahre 1864
ar der Goldertrag bald ein höherer, bald ein geringerer und scheint
im Allgemeinen, als ob er fallen würde. Der Zustand des
andes ist gegenwärtig mit einem Worte dieser: — da die reich=
altigeren Placers, welche bisher entdeckt worden, mehr oder
eniger ausgebeutet worden sind, so ist der Goldertrag im Ab=
hmen begriffen. Solche Placers sind in gewissen Ländern mehr
er weniger gänzlich ausgebeutet worden schon kurz, nachdem
oldbergbau dort begonnen worden, wie z. B. in Australien und
alifornien. Dann kömmt die Zeit, wo der Bergmann sich an die
rquarzfelsen macht, wovon das Gold auf den Placers gewonnen
urde. Diese Zeit ist für British Columbia noch nicht gekommen.
Man hat sich dort noch nicht an einen einzigen goldhaltigen Urquarz=
lsen gemacht und die Gegenwart ist die Zwischenzeit zwischen der
llen Entwickelung der Placers und dem Anfang des Quarzbergbaues,
elcher eine länger dauernde Industrie ist. Es läßt sich nicht be=
weifeln, daß es nicht mehr lange dauern wird, bis man sich an die
oldhaltigen Urquarzfelsen machen wird."

Herr Dr. Dawson sagte ferner: — „Meiner Meinung nach wird
ese Gegend, nachdem sie einmal dem Verkehr übergeben und Alles
ort billiger sein wird, zu rascher Entwicklung fähig befunden werden
nd wird sie, was Bergbau anbelangt, bald zur wichtigsten Provinz
es Staates werden und sich zuletzt irgend welchem Land in Nord=
merika stolz an die Seite stellen können."

Bezüglich darauf, daß er gesagt, noch keine Minenarbeit sei auf den
Quarzfelsen unternommen worden, fragte man Herrn Dr. Dawson,
b es keine Quarzfelsen zu Cariboo gebe. Er antwortete: — „Vor
nigen Jahren hat man Minenarbeit auf diesen Felsen unternommen,
er so viel ich weiß, ist keine Mine dort eben im Betrieb. In eini=
n Theilen des Landes hat man sehr viel Schwierigkeiten zu bestehen,
auptsächlich weil die Transportirung und der Lebensunterhalt dort so
euer sind. Erst ganz vor Kurzem kostete es, je nach der Jahreszeit,
2—12½ Cents das Pfund, wenn man Waaren und Proviant von
ale aus nach Cariboo befrachtete, und solche Preise sind eine so
hwere Auflage auf Minenarbeiten, die an und für sich schon sehr kost=
elig sind, daß sich Minenarbeit auf nur sehr reichhaltigen Quarzfelsen
zahlt. Zu Omineca, noch weiter nördlich, kostet es 15 Cents das
fund, wenn man Proviant in den Bezirk hinein bringt, und so ist es

C

Privatbergleuten beinahe unmöglich, noch weiter auf eigene Kosten nach Minen zu forschen, und, falls sie nicht auf eine sehr reichhaltige Mine Anspruch machen können, wo sie Bergbau treiben können, bleibt ihnen kein Ausweg als das Land Verlassen. Ein Vortheil, welchen die Erbauung der Eisenbahnroute und die Erschließung des Inlands gewähren werden, wird der sein, daß auf den weniger reichhaltigen Placers Minenarbeiten im Großen unternommen werden können."

Zu diesem Zwecke haben sich Gesellschaften gebildet und der Verfasser besitzt einen Prospectus von einer derselben, der „Quesnelle Quartz Mining Company" betitelt ist und ihm von einem Mitglied des Unterhauses von British Columbia behändigt wurde. Diese Gesellschaft hat ihre Unternehmungen einige Zeit lang anstehen lassen, hat sich aber vorgenommen, dieselben wieder fortzusetzen. Grubenbau wird bereits sehr viel getrieben und verschiedene Gewerkenprobirer haben gesagt, daß die Urquarzfelsen außerordentlich erzreich sind.

Wichtigkeit und Werth der Steinkohlenlager.

Nach Goldbergbau ist gegenwärtig der Kohlenbergbau, was Wichtigkeit anbelangt, die nächstbeste Industrie in British Columbia und wird er wohl in Bälde noch wichtiger befunden werden. Die Kohlenlager sind sehr weit und breit ausgedehnt sowohl auf dem Mainland als auch auf den Inseln. Die Kohlen, welche es zu Nanaimo, auf Vancouver Island, gibt, sind so weit die besten, welche man an der westlichen Küste Amerikas entdeckt hat. Alle Aussagen zuverlässiger Personen stimmen über die Ausdehnung und den Werth der Kohlenlager in British Columbia überein. Herr Selwyn, das Haupt des Departements für Geological Survey, erwähnt der Kohlenlager auf Queen Charlotte Islands, wovon einige Kohlenblende liefern, — und zwar hat man bisher nirgendwo sonst an der Küste des stillen Meeres Kohlenblende entdeckt.—der Nanaimo Kohlenbergwerke, einer Kohlengrube in der Nähe von Barclay Sound, an der westlichen Küste von Vancouver, und Lager nahe bei New Westminster und in der Nähe vom Nicola Valley, auf dem Mainland, und an einigen anderen Orten.

In einem Berichte über Minen, herausgegeben in dem Berichte des Departements für Geological Survey, zählt Herr Dr. Dawson 32 verschiedene Stellen auf, wo es Stein= und Braunkohlen factisch gibt, und einige davon sind weit ausgedehnte Bezirke. Man weiß, daß davon die Nanaimo und Comor Kohlen auf Vancouver Island und diejenigen im Nicola Valley und auf dem Mainland am North Thompson ausgezeichnet sind.

Eins von den Braunkohlenlagern im Inland hat eine Tiefe von mehr als 40 Fuß. Die tertiären Gebilde um die Mündung des rafer herum liegen beinahe 1.000 Quadratmeilen unter. Im ricola Bezirk ist die Kohlenschichte über 100 Meilen lang und beinahe 0 breit.

In der mittleren Zone des Inlandes kommen Braunkohlen von rschiedenen Qualitäten vor und ausgezeichnete Braunkohlen, fast leich den erdharzigen Kohlen, hat man an den Armen des Skeena, 4° 30' nördl. Breite, und an denen des Pine River, einen Grad och weiter nördlich, entdeckt. Kohlenbergwerke gibt es dort noch icht, da die Schichten von allem Verkehr und den Märkten zu weit ntlegen sind, obgleich sehr viele Bergwerke südlich von der Grenzlinie 1 Thätigkeit sind, woraus Kohlen von derselben Art gewonnen werden, elche nach San Francisco versandt werden.

Das Kohlenareal der östlichen Küste von Vancouver Island, wozu it Nanaimo Bergwerke gehören, ist 130 Meilen lang und es gibt dort hon ziemlich viele Kohlenbergwerke. Nicht weniger als 800 Leute rbeiten in den Nanaimo Bergwerken und voriges Jahr gewann man araus fast 300.000 Tons Kohlen.

In dieser Broschüre ist bereits Erwähnung gethan worden der robe, welche ein von der Bundesregierung der Vereinigten Staaten peciell angestellter Beamter mit den Nanaimo Kohlen gemacht, um eren Fähigkeit zur Erzeugung von Dampf zu ermitteln; in Betracht der der sehr großen Wichtigkeit dieses Umstandes ist außerdem fol- ender Auszug aus der Aussage des Herrn Dr. Dawson angeführt:— Es sind wirkliche erdharzige Kohlen von ganz ausgezeichneter Quali- it. Vor einigen Jahren ließ das Kriegsministerium der Vereinigten Staaten verschiedene Kohlenarten, welche es an der westlichen Küste ibt, probiren, um zu ermitteln, welche Art sich am Besten zur Erzeu- ung von Dampf eigne, und es hat sich herausgestellt, daß nur 1.800 M er Nanaimo (British Columbia) Kohlen dazu nöthig wären, um ie Quantität Dampf zu erzeugen wie 2.400 Pf. Seattle (Wash- ngton Territory, U. S.) Kohlen, wie 2.600 Pf. Coos Bay (Oregon, l. S.) oder wie 2.600 Pf. Monte Diablo (California) Kohlen, velcher Umstand beweist, daß, was die Küste des stillen Meeres wenig- tens betrifft, die Nanaimo Kohlen weit vorzüglicher sind als all die nderen. Im Jahre 1882 gewann man aus den Nanaimo Bergwerken 182,139 Tons Kohlen, ungefähr eben so viel als ein Fünftel des Kohlenproduktes in Nova Scotia, trotzdem, daß in dieser Provinz Kohlenbergwerke so viel länger schon in Thätigkeit waren. 151,800 Tons davon wurden in San Francisco zum Detailpreis von ungefähr 3l.2 für die Ton verkauft.

Herr Dr. Dawson sagte ferner in Beantwortung auf Fragen, welche Mitglieder aus British Columbia an ihn richteten, daß diese Kohlen auf den Märkten zu San Francisco zu $8 für die Ton verkauft worden sind. Es scheint, daß der Durchschnittspreis $8—12 für die Ton ist. Dazu kömmt die wichtige Thatsache, daß diese Kohlen sich als so vorzügliche erwiesen haben, daß sie, trotz des amerikanischen Schutztarifs und der ungeheueren Menge Kohlen, welche es an der Küste des stillen Meeres innerhalb der Grenzen der Vereinigten Staaten gibt, sich einen Weg nach den Märkten zu San Francisco öffnen und zu oben besagten hohen Preisen leicht abzusetzen sind.

Comor, der nördliche Theil des Areals, ist dem Anschlage des Herrn Richardson, von dem Departement für Geogolical Survey, nach 300 Quadratmeilen groß. Das Gebiet, welches sich über die Ufer hinaus erstreckt, ist darin nicht miteinbegriffen.

Andere Kohlenlager gibt es an der nordwestlichen Küste und Braun-kohlen an verschie..... Stellen der südwestlichen Küste und zu Quat-sino Sound an der ..... iste gibt es einen weit ausgedehnten Bezirk, wo es außergewöhnlich gute Kohlen gibt.

Man weiß, daß sich die Lager auf Queen Charlotte Jslands, welche Kohlenblende liefern, 20 Meilen weit erstrecken, und man glaubt, daß sie sich 100 Meilen weit erstrecken. Bruchstücke wirklicher Kohlen-blende hat man an der Ostküste von Vancouver entdeckt und auch an verschiedenen Stellen im Inland.

Der Werth der Eisenadern in der Nähe der Kohlen-lager.

Eine sehr wichtige Thatsache, in Verbindung mit diesen weit aus-gedehnten Kohlenlagern, ist das Vorhandensein von Eisenerz in ihrer unmittelbaren Nähe. Eisen gibt es in vielen Bezirken, aber nur wenig Aufmerksamkeit ist diesem Mineral geschenkt worden. Auf Terada Jsland, einer langen, bewaldeten Insel in der Strait of Georgia, zwischen Vancouver und dem Mainland, gibt es viele Meilen weit hin Eisenerze in Menge und Herr Prof. Selwyn sagt:— „Es sind einige von den besten Eisenerzen, welche es in Canada gibt," und:— „Sie sind in unmittelbarer Nähe großer Marmor- oder Kalkstein-lager und der Nanaimo Kohlenschichten gelegen." Herr Dr. Dawson sagt bezüglich auf das Eisenerz auf Terada Jsland:— „Es ist ein sehr reichhaltiges Magneteisenerz, woraus 68.4 Eisen gewonnen werden kann, und enthält nur sehr wenig phosphorige und andere unreine Stoffe"; ferner sagt er:— „Diese Eisenadern sind nur 20 Meilen von den Comor Kohlenlagern entfernt, welche das schiffbare Gewässer der Strait of Georgia von denselben trennt, und sowohl das Eisenerz als auch die Kohlen sind ganz nahe am Wasser gelegen."

on verkauft
8—12 für
iese Kohlen
erikanischen
n der Küste
en Staaten
öffnen und

t des Herrn
), nach 300
Ufer hinaus

nd Braun-
zu Quat-
ten Bezirk,

Islands,
nan glaubt,
her Kohlen-
nd auch an

Kohlen-

weit aus-
in ihrer
aber nur
en. Auf
Strait of
es viele
n sagt:—
aba gibt,"
Kalkstein-
awson sagt
st ein sehr-
n werden
e unreine
Teilen von
rässer der
Eisenerz

Silber.

Silbererz gibt es nahe bei Hope am Fraser River. Man hat Proben damit gemacht und sehr viel Silber daraus gewonnen. Man hat auch Silbererz zu Yale am Fraser entdeckt und es ist reichhaltiges Silbererz von Cherry Creek, einem Nebenflusse des Shuswap, hergebracht worden. Gediegenes Silber hat man zu Omineca in dem nördlichen Inlande entdeckt und silberhaltigen Bleiglanz zu Omineca und Kootenay. Herr Prof. Selwyn sagt, daß man mit Recht erwarten kann, daß reichhaltige Silberbergwerke in der Provinz in Gang gesetzt werden werden. Den Probestücken nach, welche Mitglieder des Departements für Geological Survey in den Rocky Mountains gesammelt, wird der Ertrag der Silbererze ein enormer sein.

Andere Mineralien.

Kupfer hat man in sehr vielen Districten sowohl im Inland als auch an der Küste entdeckt. Der Bericht des Departements für Geological Survey sagt, in 17 Districten. Herr Dr. Dawson hält die Howe Sound Mine für die beste.

Bleiglanz hat man in vielen Theilen der Provinz in Verbindung mit Gold entdeckt und Zinnober hat man beim Waschen von Gold am Fraser River und aus den Hope Silbererzen gewonnen. Reichhaltiges Zinnobererz hat man am Homathco in kleinen Quantitäten entdeckt.

Quecksilber und Platin hat man auch entdeckt, bisher aber nur in kleinen Quantitäten.

Antimon und Wismuth hat man am Shuswap Lake entdeckt, Molybdän nahe bei Howe Sound und an dem oberen Theil des Cowitchan River und Wasserblei auf Vancouver Island.

Salzquellen gibt es auf Admiral Island, Shoal Bay und Vancouver, auch an den Flüssen Chilcotin und Mazio; man weiß aber nur wenig von deren Anwendbarkeit.

———o———

IX.

Verordnungen bezüglich auf Ländereien und Bergbau.

Ländereien.

Die öffentlichen Ländereien in Britiſh Columbia hat die Provinzial=
regierung im Beſitze, mit Ausnahme des ſogenannten „20 Mile Rail=
way Belt", (eines Landſtriches auf beiden Seiten der Eiſenbahnroute,)
welcher der Staatsregierung als eine Ausgleichung für Eiſenbahnbau
innerhalb der Provinz übermacht wurde. Was die Provinziallände=
reien anbelangt, ſo hat der Hauptcommiſſionär für Ländereien und
Bauten darüber zu verfügen, deſſen Bureau zu Victoria iſt und welcher
Amtsgehilfen in den Diſtricten hat.

Irgend ein Familienhaupt, eine Wittwe oder ein Junggeſelle,
welcher über 18 Jahre alt iſt, irgend ein britiſcher Unterthan oder ein
Ausländer, welcher anzeigt, daß er beabſichtigt, britiſcher Unterthan zu
werden, kann ſich irgend ein vermeſſenes oder nicht vermeſſenes Kron=
gut, welches noch nicht beſetzt oder eingetragen iſt, als „Heimſtätte"
oder als „Parcelle, worauf man ſich das Vorkaufsrecht ſichert", ein=
tragen laſſen. Es kann ſich Keiner mehr als 320 Acres Land nörd=
lich und öſtlich von der Cascade= oder Küſtenbergkette oder mehr als
160 Acres in irgend einem anderen Theil der Provinz auf einmal
eintragen laſſen.

Der Preis iſt ein Dollar für den Acre, zahlbar in vier jährlichen
Zahlungen. Die erſte Zahlung muß nach einem Jahre, vom Tage
der Eintragung an gerechnet, geleiſtet werden.

Derjenige, welcher ein gewiſſes Land haben will, muß ſich darum
ſchriftlich an den Landcommiſſionär wenden, die Lage des Landes genau
angeben und einen Abriß davon beilegen; auch hat der Betreffende
eidlich auszuſagen, daß es Land iſt, worauf man ſich anſiedeln darf,
und daß er berechtigt iſt, ſich daſſelbe eintragen zu laſſen. Die zu
entrichtende Einſchreibegebühr iſt zwei Dollars. Land, welches ſich
Einer als Heimſtätte oder als Parcelle, worauf er ſich das Vorkaufs=
recht ſichert, hat eintragen laſſen, kann er keinem Anderen übermachen,
bis ihm die Regierung ein Potent darauf ausgeſtellt haben wird.

Das Land ſelbſt muß der Betreffende abpfählen und Pfähle, nicht
weniger als 4 Zoll im Quadrat und 5 Fuß über dem Boden, muß
er in jede Ecke ſetzen, worauf ſein Name und die Lage jedes betreffen=
den Pfahles, wie z. B. N. O., S. W. u. ſ. w., deutlich lesbar ge=
ſchrieben ſein müſſen.

Der Ansiedler muß innerhalb 30 Tage, nachdem er sich Land hat ntragen lassen, es wirklich bewirthschaften und muß entweder er selbst der seine Familie oder sein Agent ohne Unterbrechung darauf wohnen. Weder Indianer noch Chinesen können als Agenten handeln.

Falls der Ansiedler oder sein Agent mehr als zwei Monate nacheinander oder vier Monate im Jahre nicht auf dem Land wohnhaft war, wird dieser Umstand für ein Anzeichen angenommen, daß der Ansiedler beabsichtigt, das Land in Zukunft nicht mehr zu bewirthschaften.

Nachdem die Zahlungen für das Land geleistet sind und dasselbe vermessen ist, wird dem Ansiedler dasselbe durch ein Patent gesichert, nachdem er und zwei andere Personen schriftlich den Beweis geliefert haben werden, daß der Ansiedler das Land zwei Jahre lang, vom Tage an, wo er sich das Vorkaufsrecht darauf gesichert, bewirthschaftet und dauerhafte Verbesserungen im Werthe von $2 und 50c. p. Acre darauf gemacht hat. Ein Ausländer aber muß erst eingebürgerter Unterthan werden, ehe er ein solches Patent nehmen kann.

Die Regierung behält sich alle Rechte vor auf Gold- und Silbererz und Kohlen, die es auf den Ländereien geben mag.

Die Erben oder Vermächtnißerben eines Heimstätteansiedlers sind, wenn sie zur Zeit, wo er starb, in der Provinz wohnhaft waren, berechtigt um Land, welches von der Regierung dem Ansiedler bewilligt wurde. Falls sie zur Zeit, wo der Ansiedler starb, außerhalb der Provinz waren, kann der Hauptcommissionär das Land verkaufen und Diejenigen, welche dazu berechtigt sind, entschädigen, wie er es für gerecht hält.

Keiner kann sich das Vorkaufsrecht auf zwei oder mehr Ländereien auf einmal sichern. Land, welches man sich zuerst hat eintragen lassen, und alle Rechte bezüglich darauf muß man einbüßen, sobald man sich noch ein anderes dazu eintragen läßt.

Nach dem Heimstättegesetz der Provinz British Columbia werden Grundeigenthum und bewegliches Gut vor Beschlagnahme und Verkauf gesichert bis im Werthe von $2.500, vorausgesetzt, daß sie richtig eingetragen worden sind.

Noch nicht vermessene oder unvorbehaltene Krongüter — und zwar von nicht weniger als 160 Acres Flächeninhalt — kann man zu $1 für den Acre, zahlbar zur Zeit, wo der Kauf Statt findet, kaufen. Derjenige, welcher solches Land zu kaufen beabsichtigt, hat zwei Monate lang in der „British Columbia Gazette" davon öffentliche Anzeige zu machen, mit Angabe seines Namens, der Grenzen des betreffenden Landstücks u. s. w. Anzeige davon muß auch an Ort und Stelle selbst des betreffenden Landes und zwar da, wo sie Jedermann deutlich lesen kann, angeheftet sein, auch auf dem Regierungsbureau des Bezirkes, in welchem das Land gelegen ist. Das Land muß auch abgepfählt und auf Kosten Desjenigen, welcher es haben will, vermessen werden.

Vermessene Ländereien, welche nicht für Anlegung von Städten oder für Ansiedelungen der Indianer bestimmt sind, können, nachdem sie öffentlich feil geboten worden sind, hernach zu $1 für den Acre gekauft werden und zwar muß die Zahlung gleich zur Zeit, wo der Kauf Statt findet, geleistet werden.

Vier Personen — und zwar nicht mehr als vier — können als eine Firma sich entweder 160 Acres auf den Mann westlich von der Cascade Bergkette oder 320 Acres auf den Mann östlich davon eintragen lassen und zwar muß Jeder von ihnen seine Betheiligung an der „Firma" dadurch zu erkennen geben, daß entweder er selbst oder sein Agent wirklich auf dem Lande wohnt. Es braucht aber ein Jeder von ihnen oder sein Agent nicht auf dem ihm besonders eingetragenen Land zu wohnen. Alle Viere oder ihre Agenten können zusammen auf einer Heimstätte wohnen, vorausgesetzt, daß die Heimstätte an den Ländereien, welche die Firma sich hat eintragen lassen, gelegen ist.

Um einen Schein für Verbesserungen erhalten zu können, genügt es, zu erkennen zu geben, daß Verbesserungen, zusammen im Werthe von $2 und 50c. p. Acre, auf irgend welchem Theile des eingetragenen Landes gemacht worden sind.

Ansiedler, welche zur Miliz oder zur Kriegsflotte gehörten, können Freigüter erhalten, kraft der Acte vom Jahre 1863 bezüglich auf Ansiedler, die zur Miliz oder zur Kriegsflotte gehörten.

Der „Lieutenant-Governor-in-Council" kann in besonderen Fällen bisher unbesetzte freie oder theilweise freie Güter mit solchem Vorbehalt, wie er es für rathsam halten mag, vergeben, zur Beförderung der Einwanderung oder zum Vortheil des Gemeinwesens.

Er kann auch unbesetzte Ländereien verkaufen oder als Freigüter unter solchen Bedingungen, wie er für gut halten mag, vergeben, zum Zwecke, dieselben eindeichen, entwässern oder berieseln zu lassen.

Gutsbesitzer können, nachdem ihnen der Commissionär schriftliche Vollmacht gegeben, zu landwirthschaftlichen oder anderen Zwecken, die nöthige Quantität Wasser, welches noch nicht eingetragen und Anderen zugeeignet worden, von dem natürlichen Bette irgend welchen Flusses oder Sees ablenken, der an ihrem Lande liegt oder durch dasselbe hindurch fließt.

Eine Zeitung, welche zu Oregon herausgegeben wird, sagte unlängst: — „Auswanderer, die hierher kommen, sind außerordentlich behutsam und untersuchen genau die Rechtstitel auf Land, welches sie zu kaufen wünschen."* — In Brittsh Columbia ist dies nicht im Ge-

abgepfählt un...
sen werden.

...g von Städten
...önnen, nachdem
...r den Acre ge...
it, wo der Kau...

— können al...
nn westlich von...
...lich davon ein...
...etheiligung an...
...er selbst oder...
aber ein Jeder

eingetragenen
...en zusammen
Heimstätte an...
en, gelegen ist.

en, genügt es,
...t Werthe von
eingetragenen

örten, können
glich auf An...

...keren Fällen
...lchem Vorbe-
förderung der

...ls Freigüter
...ergeben, zum
...assen.

...r schriftliche
Zwecken, die...
...n und An...
...nd welchen
...durch das...

...sagte un...
...erordentlich...
...welches sie...
...cht im Ge...

...sten nöthig. Die Titel sind sicher und verursachen Einem keine annehmlichkeiten.

Verordnungen bezüglich auf Bergbau.

Jeder, welcher über 16 Jahre alt ist, kann Anspruch auf Land machen, ...dem er einmal entdeckt hat, daß sich Bergbau darauf treiben läßt. ...seinen Zweck zu erreichen, hat er von den Goldcommissionären 'Free Miner's Certificate' zu bekommen, gültig auf ein Jahr ...r auf drei Jahre, gegen Zahlung von $5 jährlich. Die Grenzen ...n Lande selbst müssen ausgemessen und bestimmt werden und das ...d muß auf dem Bureau des Goldcommissionärs eingetragen wer= ...und zwar jährlich, gegen Zahlung von $2 und 50 c.

Ein Bergmann, der im Besitze eines solchen Scheines ist, kann nur ...i Grundstücke, worauf sich Minenbau treiben läßt, auf einmal in ...spruch nehmen und für sich eintragen lassen, aber er kann so viel, ...e er wünscht, kaufen.

Die Grenzen solcher Grundstücke müssen so rechtwinkelig wie möglich ...und abgepfählt werden.

Die Größe verschiedener solcher Grundstücke: —

„Bar Diggings": 100 Fuß breit an der Fluthhöhe, sich in den Fluß ...reckend bis zum niedrigsten Wasserstand.

„Dry Diggings": 100 Fuß im Quadrat.

„Creek Claims": 100 Fuß lang in der Richtung des Stromes und ...breit, wie der Abstand am Fuße zwischen den Hügeln oder den An... ...en auf jeder Seite ist. Wenn der Abstand aber zwischen den ...geln oder Anhöhen weniger als 100 Fuß ist, dann müssen die Creek= ...aims 100 Fuß im Quadrat sein.

„Bench Claims": 100 Fuß im Quadrat.

„Mineral Claims": — wo es Mineralien jeder Art außer Kohlen... ...t oder geben soll, — 1.500 Fuß lang und 600 Fuß breit.

„Discoverer's Claims": —

Für einen Entdecker.........................300 Fuß lang.
Für zwei Entdecker.....................600 „ „
Für drei Entdecker.....................800 „ „
Für vier Entdecker....................1.000 „ „
u. s. w.

„Creek Discovery Claims": 1.000 Fuß auf jeder Seite der Mitte= ...Bucht oder bis zum Gipfel.

Kohlenländereien östlich von der Cascade Bergkette können in Par= ...en von 160 Acres gekauft werden und zwar zu $5 für den Acre;... ...o westlich davon zu $10 für den Acre.

Die Provinzialsteuern.

Als Nachtrag zu den Verordnungen bezüglich auf Länvereien fol, hier eine Angabe der Provinzialsteuern. Diese Steuern sind durchau nicht hoch, wie aus Folgendem ersichtlich ist: —

$8 für Erziehungszwecke von Jedem, welcher über 18 Jahre alt is ein Drittel von einem Procent auf Grundeigenthum, 5c. p. Acre au Urwald, ein Fünftel von einem Procent auf bewegliches Gut und di Hälfte von einem Procent auf Einkommen, vorausgesetzt, daß die Zahl ung jedes Jahr vor dem 30ften Juni geleistet wird.

Falls die Zahlung nicht vor dem 30ften Juni geleistet worden is ist der Steueranschlag wie folgt: —

Die Hälfte von einem Procent auf Grundeigenthum, ein Viertel auf bewegliches Gut, 6c. p. Acre auf Urwald und drei Viertel von einem Procent auf Einkommen.

———o———

X.

Was sich vorzüglich für Touristen in Britisch Columbia darbietet.

Der Tourist und der Artist.

Wann die Erbauung der Canadian Transcontinental Eisenbahn route vollendet sein wird, wird sich für Touristen, welche das 'toujours de la perdrix' auf Reisen in Europa satt haben, ein neues Feld, ja, gleichsam eine neue Welt entfalten, wo sie ihre Vergnügungs sucht sättigen können. Alles, was die Natur von Prächtigem und Reizendem zeigen kann, gewährt sie dort in ungebundener Fülle. Dieser Umstand wird sich als eine Thatsache herausstellen, mag man vom Osten oder vom Westen aus sich diesen Gebirgen nähern.

In Beziehung auf den Zugang zu den Gebirgen vom Osten her hat Herr Dr. McGregor Folgendes dem Redacteur der „Contemporary Review" vor ganz kurzer Zeit behändigt. Herr Dr. McGregor war nämlich Einer unter Denen, welche Se. Excellenz, den Marquis von Lorne, auf seiner Tour nach dem Inland des canadischen Nord westens im Jahre 1881 begleiteten, und er schildert den Eindruck,

en die Rocky Mountains in fein Gedächtniß gruben, als er fie
erften Mal erblickte, folgendermaßen:—

Beim erften Anblick diefer langen und prächtigen Reihe von rie-
Gipfeln, etwa 100 Meilen entlegen und mit schimmerndem
hee bedeckt, entfaltete fich vor uns ein Panorama, welches einen
ringt bleibenden Eindruck in unfer Gedächtniß grub. Es war
gen und in der klaren Atmofphäre fahen diefelben wie eine lange
he von weißen, zugefpißten, auf den Prärien gebauten Pyramiden
; allmählig schien es uns, als ob diefe lange hundszähnige Reihe
r und höher würde; dann, umftrahlt von dem gleichfam tropifchen
nenlichte, ftand diefe lange, fägezähnige Bergkette, deutlich fichtbar,
oller Pracht vor uns da, als ob fie nur einige Meilen entlegen
. Es schimmerte im Sonnenlichte der Schnee, welcher die
fel und die Abhänge bis zur gelben Präriefläche hinab, woraus
leichfam emporzufteigen schienen, bedeckte. Fünfundvierzig Meilen
diefer Bergkette entfernt, konnte ich nicht umhin, mich darüber zu
unen, in wie gerader und zwar fägezähnig geftalteter Linie die
fel derfelben, fo weit ich fie überfehen konnte, daftanden. Meiner
nung nach gibt es nirgends in der Welt folch ein Meer von Grün,
hes von folch einer Küfte begrenzt ift."

Der beredten Werthfchäßung von Seiten des Earl of Dufferin der
lichkeiten in Britifh Columbia, wie man fie von der Weftküfte
fieht, ift schon früher in einem Capitel diefer Brofchüre Erwähn-
gethan worden. Er fagte:— „Es entfaltete fich vor uns ein fich
änderndes Panorama, welches, was Schönheit der Felfen, des
nen, der Waldungen, der Gletfcher und der schneegekrönten Ge-
r anbelangt, ohne Gleichen ift."

Ein gewiffer Correfpondent schreibt bezüglich auf die Umgebungen
Victoria herum, welche Stadt auf Vancouver Jsland gelegen ift,
gendes:—

Nirgends läßt fich ein folcher Park, der, was Reiz anbelangt,
s Gleichen fucht, finden als Beacon Hill Park zu Victoria. Den-
n befuchen allgemein Reifende, da er nahe bei einer wichtigen
dt gelegen ift, dabei fehr reizvoll ift, ein ländliches Ausfehen hat
fehr leicht erreicht werden kann von Denjenigen, welche fich abar-
n, ihre Exiftenz im Kerne der Stadt zu machen. Wann der Tag
icht, find die Ausfichten unbefchreiblich herrlich, welche man von
m Park aus fehen kann. Im Süden fteht die Olympian Berg-
in ihrer mächtigen Größe da; zur Rechten machen das reizende
e Laubwerk, womit die gerade gegenüber liegenden Vancouver
el geziert find, und der ftille Esquimalt Hafen die Landfchaft
rordentlich prachtvoll."

Als Se. Excellenz, Lord Lorne, Britisch Columbia im J
1882 besuchte, that er mit folgenden Worten dar, wie wichtig es m
die Reize, welche die prächtigen Landschaften in der Provinz gewähr
nutzbar zu machen:—

„Ich rathe Ihnen ganz besonders, Vorkehrungen zu treffen, wodu
Touristen die Möglichkeit verschafft werden könnte, diese prächt
Landschaft zu besehen. Diese Gegend sollte für Canada das se
was die Schweiz für Europa ist. Es sollte hier gute Landstraß
geben, welche durch Landschaften führen, die wegen ihrer Pracht we
berühmt sein könnten. Auch sollte es bequeme und reinliche Gasthäu
in den schönen Thälern und um diese so wunderbare Bergkette her
geben. Wählen Sie zu diesem Zwecke einen Bezirk aus, — und
gibt bei Ihnen viele Bezirke, woraus Sie wählen könnten, — wo
Forellen und Lachse, Wild und wildes Geflügel die Menge gibt u
der Waidmann seinen Vergnügungen im Freien nachgehen kan
Wählen Sie einen Theil aus, wo üppig wachsende Fichten u
Tannen die riesigen Abhänge verbergen und zu Gletschern, Schn
feldern und holperigen Gipfeln emporwachsen, wo im Herbste die bu
farbigen Blätter der Ahorne an den Abhängen dieser Gebirge aussehe
als ob sie die glühenden Farben der Laven nachahmen wollten u
Abhänge dieser uralten Vulcane gleichsam herabgeströmt wären.
fall!) Wo immer Sie hier eine Landschaft für die reizvollste halt
und wo immer die Flußwasser auf's Stürmischste durch diese Ber
schluchten dahin rollen, da möchte ich Ihnen rathen, einen öffentlich
Park anzulegen."

In der Vergangenheit konnte man diese Gegenden nur mit Schwi
rigkeit erreichen. Man mußte entweder eine lange und mühselig
Reise über Land machen oder über San Francisco oder den Isthmu
reisen. Der leichte Verkehr, welcher eben zu Wege gebracht wir
wird wegen der ausgezeichneten Bequemlichkeiten, die er gewähren wir
all dies für den Touristen anders machen, von woher auch immer
kommen mag.

Der Angler und der Waidmann.

Für den Angler gibt's Flüsse und Seen, welche voll von Lachse
und anderen Fischen sind.

Den Waidmann werden die Gebirge und Waldungen zufriede
stellen können, wo es Waldhühner, Wachteln, wilde Gänse, verschieden
Arten Enten, Schnepfen und Tauben in Menge gibt. Es gibt viel
Hasen östlich von der Küstenbergkette und Hirsche überall. Mus
thiere hat man im Inland im nördlichen Theil der Provinz gefunde

bt verschiedene Arten Bären, Füchse, Lachse, Ottern und Wölfe;
e, Bisamratten, Panther, Waschbären u. s. w.

———○———

XI.

Allerlei.

Die Städte.

ictoria, an der südwestlichen Küste von Vancouver Island
en, i. die Hauptstadt und die bedeutendste Stadt in dieser Pro-
Diese Stadt hat eine Bevölkerung von ungefähr 7,000 Ein-
ern. Dem Aussehen nach ist sie sehr malerisch und ist sie schön
en. Es gibt dort einige sehr schöne Privatwohnsitze, hübsche
ßen, die des Nachts mit Gas erleuchtet werden, und gute Wasser-
. Viele Straßen und Landstraßen sind macadamisirt und in sehr
n Zustande mehr als 20 Meilen weit hin um die Stadt herum. Es
dort sechs Kirchen, eine Stadtbibliothek, drei Spitäler und viele
tliche Gebäude. Eine steinerne Werftdocke ist eben im Bau be-
en.

anaimo liegt an der Ostküste und hat einen großen Hafen,
welchen Schiffe mit Sicherheit einlaufen können. Es gibt dort
rere Kirchen, ein Spital und ausgezeichnete Schulen.

ew Westminster, die bedeutendste Stadt auf dem Main-
, hat eine Bevölkerung von 3,000 Seelen und nimmt an Größe
Wichtigkeit rasch zu. Dort ist der Marktplatz, wo die Erzeugnisse
sehr gedeihlichen landwirthschaftlichen Bezirkes Absatz finden.
Hauptgewerbe dort sind Lachsfischerei und Lachse in luftdichte
nchen Einlegen, außer anderen wichtigen Industrien die Menge,
ben dort angefangen werden. Einige öffentliche Gebäude sind
Bau begriffen. Prächtige Wohnsitze in der Vorstadt haben schöne
sichten auf den Fraser, wo Dampfschiffe beständig hinauf- und
bfahren. Es gibt auch Dampfschifffahrtsverbindungen mit Vic-
, Nanaimo und San Francisco. Das Klima ist gesund und an-
hm. Die Stadt ist prächtig gelegen auf einer nicht allzu steilen
öhe, nach Süden gerichtet, mit dem Fraser zu ihren Füßen; im
westen liegt ein Archipel von hübschen Inseln und im Norden und

Osten steht die Cascade Bergkette überwölbt vom blauen Himmel da.
Es gibt noch eine Anzahl von kleineren Städten und Dörfern,.
welche alle Post= und Telegraphenverbindungen haben.

Die Indianer.

Die Indianer in Britisch Columbia sind außerordentlich friedliche
Leute und gehorchen den Gesetzen. Sie sind großentheils bei den
Lachsfischereien angestellt oder mit Jagd auf Seehunde u. f. w. be=
schäftigt. Einige von ihnen sind Landwirthe und treiben Viehzucht,.
Andre wieder sind Bergleute und im Ganzen tragen sie nicht wenig bei
zum Handel und zu den Industrien der Provinz. Als Lord Lorne zu
Victoria war, sagte er einmal: — „Ich glaube, daß ich fast alle
Stämme von Indianern in Canada gesehen, und ich konnte nirgends
Indianer finden, welche sich so gut benehmen und so bereitwillig sind,
den weißen Ansiedlern bei ihren Arbeiten beizustehen als Diejenigen,
welche in Britisb Columbia wohnen. Sie sind sehr unabhängig und
bestreben sich sehr eifrig darnach, auszufinden, was eigentlich den
Weißen so mächtig macht. In anderen Plätzen wird man von den
Indianern beständig um Hülfe angerufen, diese aber bei Ihnen
hier haben dies nie gethan; denn ihre Häuptlinge schienen bei Ge=
legenheit unserer Zusammenkunft einzig und allein nur darnach be=
gierig zu sein, Schulen und Schullehrer zu haben. Wann sie gefragt
wurden, ob auch sie helfen würden, solcher Anstalten sich zu versichern,.
antworteten Alle und Jede, daß sie gerne dafür selbst bezahlen würden.
Es wäre in der That sehr wünschenswerth, wenn etwas von den Gel=
dern, welche für indianische Zwecke bestimmt worden sind, ausgegeben
würde, um die Indianer gehörig mit Schulen und zwar hauptsächlich
mit Gewerbschulen zu versehen. Wir sollten aber den wilderen Racen
kein Unrecht thun. Es verhält sich mit diesen ganz anders als mit den
Indianern bei Ihnen hier. Der Nomade liebte einzig und allein den.
Büffel. Der Büffel versorgte ihn mit Wohnung, Brennmaterial,.
Kleidungsstücken und Nahrungsmitteln. Sobald keins von diesen
Thieren mehr zu finden war, gerieth der Indianer in einen Zustand
des Verhungerns. Hier aber veranlaßte das Erscheinen des Weißen
es nicht, daß es dem Indianer an Nahrung mangelte. Im Gegen=
theil, er hat Wild im Ueberfluß; denn es gibt zur Zeit noch eben
so viel Wild hier, wie es je gegeben. Er hat mehr Fische, als er
brauchen kann, und was Sie ihm bezüglich auf Landbau gelehrt, hat.
ihm eine ihm bisher unbekannte Quelle gezeigt, woraus er sich Nah=
rungsmittel verschaffen kann.‟

Der Schiffbau.

Weil es bisher so wenig Arbeiter gab und die Arbeitslöhne so hoch waren, so sind nur wenig große Schiffe in der Provinz gebaut worden, trotzdem, daß die Douglas Pine das allerbeste Bauholz zu diesem Zwecke liefert, sowie auch zu Mastbäumen und Spieren. Handelsschiffe und kleinere Barken sind gebaut worden und das Material und die Bequemlichkeiten dazu sind so ausgezeichnet, daß Schiffbauindustrie wohl in Bälde bedeutend zunehmen wird. In Verbindung mit dem Schiffbau sollte auch dieser Umstand in Erwägung gezogen werden, daß bei der zukünftigen Entwickelung der Provinz, wann sie das Großbritannien am stillen Meere werden wird, es sich ereignen wird, daß die Kohlen und Eisenlager, beide in Bezug auf einander so bequem gelegen, zu einer großen Eisenschiffbauindustrie Anlaß geben werden.

Ein und Ausfuhrhandel.

Der Ausfuhrhandel in Britisch Columbia, verglichen mit der kleinen Anzahl Einwohner in dieser Provinz, ist etwas Erstaunliches. Der Ertrag im Jahre 1882 war mehr als dreimal so viel als der in irgend einer von den anderen Provinzen Canadas und mehr als der in irgend einem der amerikanischen Territorien an der Küste. Die Waaren, welche in jenem Jahre hauptsächlich ausgeführt worden sind, und die Erträge, welche sie gaben, waren:—

Mineralien (hauptsächlich Gold und Kohlen)...........$1,437,072
Seeerzeugnisse (hauptsächlich Lachs und Oel)........... 1,014,210
Bauholz (hauptsächlich Douglas Pine)................. 362,871
Thiere und deren Erzeugnisse (hauptsächlich Pelz u. f. w.)   300,529

Der Ertrag der im Jahre 1882 ausgeführten und zwar in Britisch Columbia selbst erzeugten Waaren war $3.118.119 und der ganze Ertrag der ausgeführten Waaren, d. h. der in der Provinz selbst und in anderen Provinzen erzeugten Waaren, $3.154.194; also $63 und 77 c. auf den Mann.

Der Betrag für eingeführte und zwar zollpflichtige und zollfreie Waaren war in jenem Jahre:—

aus Großbritannien.....................................$ 759.603
aus den östlichen Provinzen Canadas................. 559.732
aus den Vereinigten Staaten...................... 1.846.939
aus China... 240.170
aus anderen Ländern.............................. 35.383

Gesammtbetrag.................................$3.441,827
auf den Mann ....$69 und 58c.

Diese Thatsachen geben sowohl die großartigen natürlichen Hülfs=
quellen in diesem Lande als auch die Energie der so kleinen Anzahl Ein=
wohner dort zu erkennen. Britisch Columbia ist von Natur die reichste
von allen Provinzen Canadas und eins der gesündesten Länder der
Welt. Zu seinen Gunsten behauptet man, daß wohl kein anderes
Land solche Zahlen aufweisen kann. Mit der Erschließung der Cana=
dian Pacific Eisenbahnlinie kann der Handel sowohl mit dem Mutter=
lande als auch mit den anderen Colonien nicht umhin, auf ungeheuere
Weise zuzunehmen.

Was der Lebensunterhalt dort kostet.

Im Winter des Jahres 1882—83 hatte man in Gasthäusern
zweiten Ranges zu Victoria gewöhnlich $5 bis $6 und 50 c. p. Woche
oder $1 p. Tag zu bezahlen. Eine Mahlzeit für Einen kostete 25 c.
und ein Bett 25—50 c. p. Nacht. Zu New Westminster waren die
Preise fast die nämlichen, auch zu Nanaimo in den Kosthäusern für
Arbeiter.

Im Inlande auf dem Mainland sind die Preise höher, weil die
Transportirung mit Schwierigkeiten verbunden ist; aber die Lieferan=
ten der Canadian Pacific Eisenbahngesellschaft sagen, daß man für
Kost und Logis $4 p. Woche die Eisenbahnlinie entlang zu bezahlen
hat.

Am 31sten März 1883 waren die Preise für Proviant zu Victoria
wie folgt: —

Butter......................	50—75	c.
Käse........................	25—37½	„ das Pfd.
Eier........................	25—33	„ das Dutz.
Kornmehl..................	5	„ „ Pfd.
Hafermehl..................	62½	„ für 10 Pfd.
Mehl.....................	$5 und 75c. bis $7 und 50c.	das Faß.
Fleisch.....................	2½— 2¾	c. das Pfd.
Bohnen.....................	6 — 8	„ „ „
zermalmte Erbsen	12½	„ „ „
Kartoffeln	1½	„ „ „
Zwiebeln...................	3	„ „ „
Sellerie	37½	„ für 12 Stöck.
gelbe Rüben...............	1½	„ das Pfd.
Blumenkohl................	$1 und 50 c.	das Dutz.
Spargel....................	20 c.	das Pfd.
grüne Erbsen...............	12½ „	„
Pflanzenmark..............	75	„ das Dutz.
Kohl.......................	4	„ das Pfd.

Schinken	25 —30	c. das	Pfd.
Speck	22½—24	„	„
Schmalz	25	„	„
Kabeljau	6	„	„
Heilbutte	6	„	„
Lachs	7	„	„
Häring	3	„	„
Flunder	6	„	„
Stintfisch	6	„	„
Stör	6	„	„
Weißling	6	„	„
Lachsforelle	8	„	„
Zunge (eine Art Plattfisch)	6	„	„
Krabben	50—75	„ das	Dutz.
geräucherter Fisch	12½	„ das	Pfd.
„canned" Lachs	$2 für 12 Kännchen.		
gemahlener Kaffee	50	c. das	Pfd.
ungebrannter Kaffee	28	„	„
Thee	37½c. bis $1 und 25c. das Pfd.		
Zucker	$1 für 6, 7 oder 8 Pfd.		
Rindfleisch	5—12½	c. das	Pfd.
Hammelfleisch	6—12½	„	„
Schweinfleisch	12½	„	„
Kalbfleisch	12½	„	„
Lammfleisch	$1 und 50 c. das Viertel.		
Enten	37½ c. bis $2 das Paar.		
Hühnchen	62½—75 c. das Stück.		
Frühlingshühnchen	$5 das Dutz.		
Truthahn	25 c. das Pfund.		
Gans	25	„	„
Heu	$1 und 37½ c. für 100 Pfund.		
Hafer	2¼ c. das Pfd.		
Mittelmehl	2—2¼ c. das Pfd.		
Kleie	1½	„	„

Dies sind die gewöhnlichen Detailpreise. Zu New Westminster und Nanaimo sind die Preise fast die nämlichen, im Inlande aber ist Fleisch billiger, alle eingeführten Waaren hingegen theuerer wegen der Transportirungsunkosten.

Die Preise im Großhandel für landwirthschaftliche Erzeugnisse waren zu Victoria am 26sten März 1883 wie folgt:—

Weizen	$2 bis $2 und 25 c. d. Centner.
Hafer	$2 bis $2 „ 12½c. „

D

Gerste und Erbsen............\$2 d. Centner.
Heu.....................\$1 und 25 c. d. Centner.
Kartoffeln............\$1　　　"　"
Butter.....................28—30c. d. Pfd.
Käse......................18c.　　"
Eier.....................25c.　　d. Dutzend.
Rindfleisch............\$8 und 50c. d. Centner.
Rindvieh................\$4　　　"　"
Schafe..................\$5 und 50c. "　　"
Hammelfleisch............\$12 "　　"　"　"
Schweinfleisch...........\$9—10　　"　　"
Lämmer.................\$3—4　　d. Stück.
Kälber..................\$5　　d. Centner.
ungegerbte Häute............\$7 bis \$8 und 50c. d. Centner.
getrocknete Häute ....\$13—17　　"　"
Geflügel............\$6 bis \$6 und 50c. d. Dutzend.
Truthahn.................25c. d. Pf.
Enten......................\$5—6 d. Dutz.
Gänse...................\$1 und 50c. bis \$2 d. Stück.

Baumaterial.

Davon gibt es die Menge. Ziegelsteine kosten zu Victoria \$8 bis \$10 d. Tausend, wenn man sie sich direct vom Brennofen holen läßt. Die jetzigen Preise für Bauholz zu Victoria sind wie folgt:—
unbearbeitetes Bauholz..............\$14　　für 1.000 Fuß.
bearbeitetes und mit Verspündungen ver-
sehenes Bauholz..............\$25　　"　"　"
auf beiden Seiten bearbeitetes Bauholz...\$27 u. 50c. "　"　"
Cederbauholz............\$17 u. 50c. "　"　"
bearbeitetes Cederbauholz...............\$50　"　"　"
Dachschindeln........　...........\$3 und 50c d. Tausend.
Zu New Westminster ist das Baumaterial nicht ganz so theuer.

Für kleine Häuser hat man \$5—25 Miethe p. Monat zu be-zahlen, gegenwärtig aber sind sie nicht leicht zu haben.

Kleidungsstücke und Möbeln.

Für Kleidungsstücke hat man nur ungefähr 10—12 pCt. mehr als in England oder im östlichen Canada zu bezahlen. Möbeln werden in der Provinz fabricirt. Die Preise sind wie folgt:—
Stühle............................75c. bis \$1 und 25c.
Es gibt auch theuerere.

Bettstellen.............................$3—8 ' oder mehr.
Tische...............................$1 und 50:. „ „
Speisetische, außergewöhnlich gute,..........$12
Matratzen............ ....$1 und 50c. bis $30."
Teppiche..............:. ....80c. bis $1 u. 50c. v. Elle.
Ausrüstung für Schlafzimmer..............$25 oder mehr.

Ackergeräth.

Dies kostet zu Victoria wie folgt:—
Dreschmaschinen............................$450—850.
Erntemaschinen.............................$150.
Mähmaschinen.............................:.$100.
Maschinen, die selbst in Garben binden,........ ....$330.
Pflüge............................... $20—40.
Eggen................................. $20—85.
Wagen, mit Wagenkasten und Sitz versehen,...........$180.
Wagen, mit Hemmrad versehen,....................$140.
Wagenachse, mit Rädern und Deichsel versehen,.........$100—110.

Brennmaterial.

Brennmaterial gibt es in Fülle. Gewöhnlich bedient man sich des Holzes. Tannenbrennholz kostet in den Städten an der Seeküste und zu Yale, wenn man sich dasselbe überliefern läßt, $3 und 50c. bis $5 d. Klafter. Eine Klafter ist 8 Fuß lang, 4 Fuß hoch und 4 Fuß breit. Sich eine Klafter Holz für Haushaltungszwecke sägen und spalten lassen wird ungefähr $1 und 50c. kosten. Viele Hausväter sägen und spalten ihr Brennholz selbst.

Manche Familien bedienen sich der Kohlen und bezahlen $7 und 50c. bis $8 für die Ton.

Arbeitslöhne.

Einem Anschlagzettel der Contrahenten der Canadian Pacific Eisenbahngesellschaft zu Yale nach waren die am 1sten März 1883 öffentlich angezeigten Beträge der Arbeitslöhne wie folgt:—
Aufseher...... ....$125 p. Monat.
Vormänner der Steinbrecher...............$3 —4 p. Tag.
Vormänner der Erdarbeiter................$2½—3 „
Vormänner der Brückenbauern .. ..$3½—4 „
Brückenbauern ersten Ranges.............$3½ „
Brückenbauern zweiten Ranges............$3 „

Maurer ....$2½—3½ p. Tag.

Steinhauer ....$3 —3¼ „

Grobschmiede ersten Ranges.................$3½ „

Grobschmiede zweiten Ranges ....$3 „

Bohrer ....$2 —2¼ „

Arbeiter ....$1¾—2 „

Hauer ....$3½ „

Hacker ....$2—2½ „

Oben besagtem Anschlagzettel nach hatten Alle, welche im Freien arbeiteten, täglich 10 Stunden zu arbeiten; Zimmerleute mußten sich ihr eigenes Werkzeug anschaffen; alle Angestellten mußten für Kost und Logis selbst bezahlen. Die Arbeitslöhne wurden monatlich bezahlt und zwar am 10ten jeden Monats.

Frachtfuhrleute erhielten $60—75 p. Monat mit Kost.

In der Broschüre der Provinzialregierung sind folgende Löhne für gewöhnliche Arbeiter angegeben:—

In den Kohlengruben: — Zimmerleute und Grobschmiede $3 bis $3¾ p. Tag. Arbeiter $2 bis $2½ p. Tag und Bergleute $3 bis $4 p. Tag für vertragsmäßige Arbeit.

Fischer ....$50—60 p. Monat.

Steinhauer, Stein- und Ziegelmaurer........... $4—5 p. Tag.

ihre Arbeiter .... $2—2½ „

Stuccaturarbeiter .... $4—4½ „

Zimmerleute und Tischler .... $3—4 „

Schiffsbauern und Kalfaterer........... $4—4½ „

Kunsttischler und Tapezierer........... $3 „

Maler .... $3½—4 „

Schuhmacher........................ $2—3 „

Schneider........................ $2½—3 „

Schneiderinnen .... $1—1½ „

Bäcker, mit Kost und Logis........$65 p. Monat.

Fleischbacker........................$75—100 „

Schlächter........................$75 „

Cigarrenmacher .... $2½—4 p. Tag.

Knaben, welche Tabak abstreifen u. s. w.,........ $2 —5 p. Woche.

Drucker ....45c. für 1.000 „m"

(„ems" engl. Druckermaßstab.)

Wagenbauern....................$3½—4 p. Tag.

Blechschmiede, Bleigießer und Gaseinrichter....$3½—4 „

Maschinenbauern, Blower, Kessel-, Grobschmiede u. s. w. ....$4—4½ „

Arbeiter auf den Werften..............50c. b. Stunde.
Drechsler.............................$3 p. Tag.
Andere Arbeiter......................$2½   „

Bauerknechte,

monatsweise bezahlt, mit Kost und Logis $20—40 p. Monat.
In gewissen Bezirken auf Vancouver Island und in New West=
minster erhalten landwirthschaftliche Arbeiter $1 p. Tag mit Kost
und Logis.
Im Inlande werden höhere Arbeitslöhne bezahlt. Tüchtige Küchen=
und Obstgärtner würden leicht $2—2½ p. Tag verdienen können.

Dienstmädchen und Köchinnen

gibt es sehr wenig und erhalten sie hohes Lohn. Kindermädchen ver=
dienen $10—12 p. Monat und gewöhnliche Hausmädchen, welche
sich etwas auf Kochen verstehen und waschen können, erhalten $20 p.
Monat.
Viele Chinesen sind als Köche angestellt, die Chinesinnen aber neh=
men keine Stellen als Dienstboten an.

Ländereien zur Ansiedelung.

Der landwirthschaftliche Einwanderer sollte, dem Rath der Provin=
cialregierung zufolge, wann er sich Land zur Ansiedlung auswählt, die
Eisenbahnlinien in Betracht ziehen, sowohl hinsichtlich der örtlichen
Märkte, denen die Leute, welche an der Erbauung der Eisenbahnroute
arbeiten, den Ursprung geben, als auch hinsichtlich der Märkte, welche
östlich von den Rocky Mountains auf immer erschlossen werden werden,
sobald die Erbauung der Eisenbahnroute vollendet sein wird. Ein
Stück Land in der Nähe eines Minenfeldlagers ist stets eine zur
Niederlassung wünschenswerthe Stelle. Pferde finden schon Nachfrage
östlich von den Gebirgen. Rindvieh, Pferde und Schafe kommen in
all den landwirthschaftlichen Bezirken gut fort. Auch Obst gedeiht gut
in allen diesen. Milchwirthschaft wird in dem New Westminster Bezirk
mit besonders gutem Erfolg getrieben. Die Angoraziege kommt in
dieser Provinz gut fort und sowohl Mehr als Wolle werden wohl bei
Fabrikanten Nachfrage finden. Flachs und Tabak gedeihen gut, aber
der Arbeitslohn ist zu hoch, um zu ermöglichen, dieselben gegenwärtig
mit einigem Gewinn zu bauen. Die Provinz British Columbia ist
wesentlich verschieden von der großen flachen Gegend östlich von den

Gebirgen. Sie besitzt nämlich weit mehr verschiedenartige Hülfs=
quellen. Es wird Vieles ostwärts erforderlich sein, das jene Provinz
am Besten verschaffen kann.

Es möchte dem Einwanderer beim Auswählen einer passenden
Niederlassung wohl von einigem Nutzen sein, wenn man ihm die Aus=
drücke erklärt, deren man sich gewöhnlich bezüglich auf Ländereien in
British Columbia bedient. „Prairies'' an den Abhängen der Rocky
Mountains nach dem stillen Meere zu sind nicht ein baumloses Meer
von Gras, sondern ebene oder unbewaldete Länderstrecken nahe bei
Flüssen. Viele davon sind „Wet Prairies'' und erfordern Entwässer=
ung oder Eindeichung. Der Boden ist sehr reichhaltig, es gibt dort
keine durch Sumpfluft erzeugten Krankheiten und man hält diese Prä=
rien für zur Niederlassung geeignete Stellen. „Bottom Lands'' sind
flache Ländereien in Flußthälern, worauf Ahorne, Eschen u. s. w.
wachsen. Diese Ländereien lassen sich ohne Schwierigkeit ausroden
und sind oft äußerst ergiebig. Die erhöhten ebenen Strecken Land
oder Terrassen in einigen von den Flußthälern werden „Benches'' ge=
nannt. Diese Terrassen erstrecken sich beide Seiten des Flusses entlang
Meilen weit in die Enge hinaus und an manchen Stellen liegen meh=
rere Plateaus stufenförmig eins über dem anderen und zwar jedes
andere im Verhältniß weiter vom Ufer entfernt. „Prairie'' östlich von
der Cascade Bergkette bedeutet gewöhnlich eine unbewaldete, flache
Strecke Land, die nicht groß genug ist, um eine Ebene genannt
werden zu können.

—————o—————

XII.

Wer nach British Columbia auswandern sollte.

Es scheint nach der Aussage von Seiten der Regierung von British
Columbia vor dem canadischen Unterhause bei Gelegenheit seiner letzten
Sitzung, daß Solche, welche an Staatsbauten arbeiten und die
Hülfsquellen für Minenbau, Landwirthschaft u. s. w. in dieser
Provinz entwickeln können, besonders als Ansiedler dort verlangt werden.
Es wurde ferner ausgesagt, daß solche Leute gewünscht würden, um
dieselben an die Stelle der gegenwärtig dort angestellten chinesischen
Arbeiter zu setzen, die an der Küste des stillen Meeres nicht besonders

beliebt sind deshalb, weil sie eine besondere, niedrigere Klasse Menschen
sind und nicht dazu passen, daß die civilisirte kaukasische oder weiße
Menschenrace mit ihnen verkehre. Hingegen können die Kinder der
allerärmsten weißen Einwanderer zu den höchsten gesellschaftlichen
Stellen sich emporschwingen.

Kaum weniger Nachfrage finden Dienstmädchen und Köchinnen.
Es gibt bei Weitem mehr Männer als Frauen in der Provinz und
man beabsichtigt, diesem Mißverhältniß damit abzuhelfen, daß man
Einwanderung von Seiten weiblicher Personen herbeiführt.

Allerlei Gebäude werden selbstverständlich rasch errichtet werden, sobald die Erbauung der Transcontinental Eisenbahnroute vollendet sein
wird und die Ländereien mehr und mehr besiedelt werden werden.
Daraus geht hervor, daß geschickte Zimmerleute, Tischler, Ziegelmaurer
u. s. w. dort Nachfrage finden werden; auch werden Leute, welche in
den Minen arbeiten können, und Metallarbeiter in Nachfrage kommen
und zwar in dem Maße, wie die Ansiedelung des Landes zunimmt, was
ohne Zweifel sehr rasch vor sich gehen wird, nachdem einmal die Eisenbahnroute dem öffentlichen Verkehr übergeben sein wird.

Der allgemeine Rath, der in anderen veröffentlichten Broschüren
gegeben worden ist, ist auch hier zu wiederholen, daß nämlich literarisch
gebildete Leute, Comptoiristen und Ladendiener sich ja nicht rathen lassen
sollten, nach einem neuen Lande wie British Columbia zu gehen,
falls sie nicht schon zuvor Einrichtungen getroffen haben mögen, gleich
bei ihrer Ankunft in Canada in Dienste treten zu können, oder falls sie
sich nicht dazu entschlossen haben mögen, sich bei Einem als Handar-
beiter zu verdingen. Es bemühen sich nämlich die Kinder der Eingewanderten, nachdem sie in diesem Lande erzogen worden sind, um
Stellen als Professoren, Comptoiristen u. s. w. und erhalten sie auch
die Anstellungen, wodurch es Fremden schwerer gemacht wird, solche
Stellen zu finden. Es mag hier im Allgemeinen gesagt werden, daß,
seitdem Arbeiter jeder Art eben in British Columbia in Nachfrage
kommen, es sich ereignen wird, daß sie immer mehr und mehr mit dem
Fortschritt des Landes in Nachfrage kommen werden. Sagt ja nicht
das Sprichwort:— 'l'appétit vient en mangeant'? —

Die Arbeitslöhne, je nach Umständen, bald höher, bald niedriger.

Man wird aus einem früheren Capitel in dieser Broschüre ersehen
können, daß die Arbeitslöhne, die eben in British Columbia bezahlt
werden, sehr hoch sind. Doch kann es nicht ausbleiben, daß sie bald höher,
bald niedriger sein werden, da Arbeiter natürlich stets dahin fortziehen

werden, wo sie am Besten bezahlt werden, zumal, wann sie bequemer und billiger von einem Orte zum andern gelangen können. Wo hohes Lohn bezahlt wird, da ziehen die Arbeiter in Haufen hin, und dieser Umstand veranlaßt, daß die Löhne niedriger werden. In einem neuen Lande aber und ganz besonders in einem Land, wo es Gold gibt, werden wohl noch auf viele Jahre hohe Arbeitslöhne bezahlt werden. Es ist aber nicht allein der hohen Arbeitslöhne wegen, weshalb Auswanderer nach einem neuen Lande zu gehen sich hauptsächlich bewegen lassen. Es ist ihnen auch die Gelegenheit geboten, nachdem sie die mit Arbeitern überfüllten Gemeinen der alten Welt verlassen haben, in dem neuen Lande sich und ihre Familien besser versorgen zu können. Es gibt in ganz Canada Tausende und Abertausende, welche ins Land ohne alle Mittel, ja, fast im Zustande der Verarmung hinein gegangen und jetzt eine sorgenfreie Existenz machen und ihre Kinder so haben aufziehen können, daß diese stets im Stande sein werden, mit dem besten Erfolg sich irgend welchem Beruf zu widmen.

---o---

XIII.

Regierung, Erziehung und gesellschaftliche Verhältnisse.

Viele, welche aus der alten Welt nach Theilen Canadas auswandern, bilden sich ein, daß sie Civilisation zurücklassen und im Begriff stehen, sich in ein halb=barbarisches Land wohnhaft niederzulassen und das Leben auf's Neue zu beginnen. Dies ist eine ganz falsche Idee; im Gegentheil, die Civilisation in der neuen Welt hat factisch die Kenntniß und die Erfahrung, welche die alte Welt bereits erlernt, zum Anfang, während die Bedürfnisse in der neuen Welt dazu beitragen, die Erfindungskraft zu schärfen und Neuerungen aufzubringen, die sehr oft bedeutenden Fortschritt anzeigen, besonders bezüglich auf mechanische Erfindungen und Hülfsmittel, welche Einem Arbeit und Mühe ersparen.

Das Regierungssystem.

Da British Columbia eine von den Provinzen ist, welche sich dem canadischen Bunde angeschlossen haben, so hat sie sowohl eine Provin=

cialregierung als auch eine bestimmte Anzahl Mitglieder im Hause
der Abgeordneten zu Ottawa, die das Volk der Provinz im Parla-
mente vertreten, und zwar eine bestimmte Anzahl, nicht allein im Verhältniß zur Bevölkerung in Britisch Columbia, sondern auch im Verhältniß zu dem weit ausgedehnten Flächenraum des bis jetzt noch
unbesetzten Landesgebietes dieser Provinz.

Die Provinzialregierung, unter der Leitung eines Vicegouverneurs,
welchen die Bundesregierung ernennt, vertritt die Bevölkerung.
Dann gibt es einen Vollziehungsrath, dessen Mitglieder der gesetzgebenden Macht der Provinz gegenüber auf solche Weise verantwortlich
sind, daß sie dies Amt nur so lange weiter bekleiden können, als sie
die Majorität in der gesetzgebenden Versammlung behaupten. Durch
dieses System wird dem Volke die möglichst directe Gewalt der Regierung selbst gegenüber gegeben, eine bei Weitem directere Gewalt als
irgend welche, die es in der Republik der Vereinigten Staaten gibt;
gleichzeitig gewährt dieses System auch einen wohlgeordneten dauernden
Glücksstand.

Keine Steuern können auferlegt werden, wofern sie nicht durch die
Stimmenmehrheit der Volksvertreter bewilligt worden sind.

Ottawa ist der Sitz der Bundesregierung. An der Spitze dieser
Regierung steht der Hauptgouverneur, welchen die Königin von England erwählt; sein Gehalt wird ihm von der canadischen Nation
selbst bezahlt. Die Parlamentsmitglieder jeder Provinz des Staates
haben den Sitzungen des Bundesparlamentes zu Ottawa beizuwohnen.
Auch hier herrscht das Prinzip der Verantwortlichkeit vor und sind die
Minister dem Parlament gegenüber für alle ihre Handlungen, Ab-
schlüsse u. s. w., während sie dieses Amt bekleiden, verantwortlich.
Sobald die Erbauung der Canadian Pacific Eisenbahnlinie vollendet
sein wird, werden die Mitglieder des Hauses der Abgeordneten der
Provinz Britisch Columbia viel bequemer als gegenwärtig nach Ottawa
reisen können; sie werden sich dann gleichsam dieser Stadt viel näher
gebracht, ja, mit derselben mehr vereint zu sein denken.

Während es unmöglich ist, bei gänzlich neuen Gemeinen auf dem
amerikanischen Welttheile ein politisches System zu gründen, welches
demjenigen genau entspreche, welches die Verhältnisse der Lehensherrschaft hervorgebracht haben, so läßt das eben in Canada existirende
System sehr wenig zu wünschen übrig einerseits, was die Vortheile
anbelangt, welche es zu einem wohlgeordneten dauernden Glücksstand
bietet, und anderseits, was das anbelangt, daß nämlich das Volk dessen
gewiß ist, daß es directe Gewalt der Regierung gegenüber hat, im Vergleich mit den Einrichtungen irgend welcher republicanischen Regierung
in der Welt.

Faſt Jeder in Canada hat das Stimmrecht und in Britiſh Columbia hat jeder britiſche Unterthan, nachdem er ein Jahr lang dort gewohnt, das Recht zu ſtimmen.

Die Municipalregierung.

In Hinſicht auf die Selbſtregierung in Canada iſt das Syſtem der
Municipalregierung von beſonderem Intereſſe und großer Wichtigkeit.
Counties und Townſhips machen Gemeindebezirken und jedes einzelne
County und Townſhip haben ihre eigenen und zwar von der betreffen-
den Einwohnerſchaft ſelbſt erwählten Rathsherren und Beamten, die
der Einwohnerſchaft gegenüber verantwortlich ſind. Dieſe Herren be-
ſchließen durch die Mehrheit der Stimmen die Steuern für County- oder
Townſhipzwecke, wie z. B. für Landſtraßen, Brücken, öffentliche
Bauten u. ſ. w., und ſomit iſt die Einwohnerſchaft ſelbſt Beurtheiler
deſſen, was zu ihrem Vortheile erforderlich ſein mag. Nachdem die
Vertreter der Einwohnerſchaften in den verſchiedenen Counties und
Townſhips nun einmal darüber einig geworden, wie viel Steuern ſie
auferlegen ſollen für nothwendige Auslagen und Verbeſſerungen, bezahlen die betreffenden Einwohnerſchaften dieſelben ohne Murren; denn
ſie ſahen ja genau darauf, für Wen ſie ſtimmten und Wen ſie erwählten.
Dieſe Art von 'Home Rule' erregt in einem Jeden das Gefühl
der Zufriedenheit und ſo kommt es dann, daß, da jede einzelne Einwohnerſchaft der Counties und der Townſhips in der Verwaltung
ihrer eigenen Ortsangelegenheiten durch ihre Volksvertreter er-
fahren iſt, die ganze canadiſche Nation ſich natürlich auch für die
größeren politiſchen Syſteme der Provinzial- und der Bundesregierung
durch ihre Vertreter intereſſirt.

Bezüglich auf Wegebau aber hat die Municipalregierung in der
Provinz Britiſh Columbia mit etwas weniger Selbſtſtändigkeit als die
in den übrigen Provinzen handeln können, in Folge der Schwierigkeiten,
die ſich bei der eigenthümlichen Landesbeſchaffenheit zeigten. Somit
hatte die Provinzialregierung dort große Summen Geldes auszugeben
für Wegebau durch die Gebirge auf dem Mainland, wodurch ein Netzwerk von Landſtraßen entſtanden iſt. Britiſh Columbia hat aber doch
ein Municipalſyſtem und die Bewohner irgend welcher Oertlichkeit
auf dem Lande können, vorausgeſetzt, daß mehr als 30 Perſonen
männlichen Geſchlechtes dort wohnen, ſich zu einer Municipalität
bilden und aus ihrer Mitte Rathsherren erwählen und einen Vorſteher,
um ihre eigenen Ortsangelegenheiten zu verwalten.

Man wird finden, daß Anſiedler aus dem britiſchen Königreich oder
Einwanderer aus den älteren Provinzen oder den Vereinigten Staaten

sich sehr bald dieser Municipalvortheile bedienen werden, worauf Leute in vielen älteren civilisirten Theilen Europas mit Recht neidisch sein können.

Die Erziehung.

Das Schulsystem in Britisch Columbia ist, wie die Municipalregierung, in Händen des Volkes. Im Allgemeinen ist es nicht unähnlich demjenigen in den anderen Provinzen Canadas. Die öffentlichen Schulen sind frei und nicht sectirisch. In allen Schulen dort bedient man sich derselben Lehrbücher und müssen die Lehrer, von denen es dreierlei Classen gibt, ein schriftliches Zeugniß bezüglich auf ihre Fähigkeiten vom Departement für Erziehung besitzen. Dieses Departement ist unter der Leitung eines Schulsuperintendenten, welcher die sämmtlichen Schulen besucht und insvicirt. Die Bewohner irgend welcher Districte, wo es mindestens 15 zwischen 5 und 15 Jahre alte Kinder gibt, können aus ihrer Mitte 3 Schulcommissionäre erwählen, welche den Schulen vorstehen. Die Schulcommissionäre ernennen oder setzen die Lehrer ab nach Gutdünken und erhalten das Geld aus den Fonds für öffentliche Schulen nach Aufweisung von Scheinen, welche vom Superintendenten indossirt sein müssen. Die Lehrer erhalten $50 bis $100 p. Monat, je nach den Fähigkeiten, die sie besitzen.

In einigen von den größeren Städten gibt es sehr gute, von Kirchen unterstützte Schulen, auch gibt es Privatschulen für Knaben und Mädchen. In dem Maße als die Provinz an Bevölkerung zunehmen wird, werden Gymnasien und Universitäten gegründet werden wie in den übrigen Provinzen Canadas. Die Erziehung ist wohl nirgendwo anders in der Welt mehr allgemein verbreitet. Die Thatsache ist nichts Ungewöhnliches, daß nämlich die Kinder der Eingewanderten, welche bei ihrer Ankunft in Canada in einem sehr ärmlichen Zustande waren, wie Alle freie Erziehung genießen und dann die höchsten Anstellungen erhalten und in einen bequemen und respectabelen Zustand gerathen, was ihnen in ihrer Heimath unmöglich gewesen wäre.

In dem Maße als die Ansiedelung in Britisch Columbia fortschreiten wird, werden nach den jetzigen Verhältnissen auch die Schul-, Municipal- und andere Systeme rasch vervollkommnet werden, wie es der Fall in anderen Theilen Canadas gewesen.

Die gesellschaftlichen Verhältnisse.

Ein Einwanderer aus Europa, der nach Britisch Columbia, ja, nach irgend einem Theile Canadas kömmt, wird dort überall Landsleute antreffen. Und falls er arm ist, wird er wohl in Bälde in weit

befferen gefellschaftlichen Verhältnissen fein, als er es zu Hause hätte
fein können. Die gefellschaftlichen Verhältniffe dort find im Allgemeinen die nämlichen wie in Europa, aber es wird weit weniger auf
Geburt und Rang gefehen. Es gibt kein Lehensfystem in Canada.
Fast jeder Landwirth ist Befizer feiner eigenen Acres Land, ist fein
eigener Herr auf feinem Gut und kann thun, wie er will. Diefer
Unabhängigkeitszustand, was die gefellschaftlichen Verhältniffe betrifft,
ist bei allen Canadiern zu finden, und überall herrscht Gefellschafts-
freiheit vor, welche es unmöglich ist in den Ländern der alten Welt
zu finden, wo Lehensherrschaft noch die Oberhand hat. Die Kinder
des ärmsten Mannes können durch ihre natürlichen Anlagen, ihren
Fleiß und die Erziehungshülfsquellen, die Allen erreichbar find, den
Allerreichsten gleichkommen; und fie thun dies oft und schwingen fich
zu den höchsten Stellen empor. In einem neuen Lande wie Canada
fieht man mehr darauf, was für ein Mann Einer eigentlich ist,
als Wer er ist.

Die Religion.

Ueberall in Canada waltet die höchste Religionsfreiheit ob. In
Britisch Columbia gibt es eine überaus große Anzahl Kirchen im Vergleich mit der Bevölkerung. Es gibt außer den gewöhnlichen Geist-
lichen der verschiedenen Secten zwei römischkatholische und drei angli-
kanische Bischöfe. Die Auswahl überhaupt von Kirchen in Canada
ist wahrlich keine kleine; unter der Fülle des Gebotenen kann ein Jeder
etwas finden. Oftmals befindet fich ganz nahe neben der römisch-
katholischen Kirche eine Synagoge; in manchen Vierteln kann man
aus einem Sectengotteshaus ins andere wandern und fogar Pionier-
anfiedler ermangeln in den am Spärlichsten bevölkerten Bezirken nicht
lange der Kirchen oder Schulen, da überall Miffionen rasch organifirt
werden.

Die Gerichtsverwaltung.

Ueberall in Canada ist die Gerichtsverwaltung stets eine befriedigende und unparteiische gewesen. Die Gefeze beschützen Leben
und Habe und werden auf's Genaueste durchgefezt und beobachtet.
Das Criminalgefez in Canada entspricht dem in England. Die
Richter werden lebenslänglich von dem Regierungshaupt ernannt, und
zwar können nur Solche zu Richtern ernannt werden, welche durch ihre
Fähigkeiten und ihre Gefezkenntniffe hohe Stellen in ihrem Berufe
einnehmen; zu welcher politischen Partei fie fich halten mögen, das wird
jedoch nicht berücksichtigt. Der reine Character der canadischen Ge-

richtsbeamten kann nie bezweifelt werden. Es ist wohl wahr, daß der politische Parteigeist mehr oder weniger Einfluß auf die Bevölkerung hat, doch ist es nicht zu vermuthen, daß dies bei Richtern der Fall ist.

In ganz Canada gibt es das System des Geschwornengerichtes und in der Regel sind die Unkosten für Rechtshandel weit weniger als in England, da das Gerichtsverfahren gar sehr vereinfacht worden ist. In allen Provinzen gibt es Obrigkeitsgerichte; ferner gibt es die County- und Bezirksgerichte und andere mehr. Das höchste Gericht in Canada ist das "Supreme Court" zu Ottawa, doch kann man sich in Gerichtsangelegenheiten außerdem noch auf den Ausspruch des geheimen Rathes berufen.

Kein Ansiedler braucht zu befürchten, daß seinen etwaigen Beschwerden nicht leicht abgeholfen werden könne. Wo immer eine Ansiedlung in den neueren Theilen Canadas angefangen, ist die Organisation eines Gerichtssystemes stets rasch gefolgt.

Die Miliz.

Die Landwehr besteht hauptsächlich aus Freiwilligen. Alle zum Militärdienst tauglichen Männer werden zum activen Dienst oder zur Reserve angeworben, aber nur die Freiwilligen werden alljährlich einmal zum Manövrieren und Einexercieren unter die Waffen gerufen. Man hat vor, in British Columbia auch eine Militärschule zu gründen.

Die Einbürgerungsgesetze.

Diese Gesetze sind sehr liberal. Jeder Ausländer kann in Canada Geschäfte machen und Grundeigenthum besitzen. Nachdem er drei Jahre lang in Canada gewohnt und den Huldigungseid abgelegt, wird er britischer Unterthan und sind ihm alle politischen und andere Rechte gewährt.

Ausländer, welchen das Heimathsrecht in Canada ertheilt worden ist, sind, falls sie im fremden Lande sind, jetzt gleichberechtigt wie Die, denen das Heimathsrecht im britischen Königreich ertheilt worden ist. Diejenigen in Europa, welche auszuwandern beabsichtigen, sollten dessen eingedenk sein, daß, um in Canada eingebürgert zu werden, einfach nur ein Huldigungseid abzulegen ist und man drei Jahre lang im Lande gewohnt haben muß. Sie sollten ferner dessen eingedenk sein, daß, falls sie in den Vereinigten Staaten anstatt in Canada eingebürgert zu werden vorziehen, sie einen Eid ablegen müssen, worin sie ausdrücklich auf ihr Vaterland verzichten müssen und sich verpflichten, wann Krieg ausbrechen sollte, gegen dasselbe als Feinde zum Gewehr zu greifen, und daß sie in einigen von den Staaten, wie z. B. New York, ohne dies kein Grundeigenthum besitzen können, schließlich, daß sie 5 Jahre lang anstatt 3, wie in Canada, im Lande gewohnt haben müssen, ehe ihnen das Heimathsrecht ertheilt werden kann.

———o———

XIV.

Wege und Verbindungen.

Zur Zeit gibt es noch keine anderen Eisenbahnlinien innerhalb der Provinz Britisch Columbia, ausgenommen den Theil der Canadian Pacific Eisenbahnlinie, die von der Bundesregierung gebaut wird und jetzt beinahe vollendet ist. Sie ist auf dem Mainland, in den Thälern des Thompson und des Fraser, und wird das westliche Ende des Kamloops Lake bei Savonas Ferry mit Port Moody, der Endstation am stillen Meere auf Burrard Inlet, verbinden. Man hegt die Erwartung, daß zu Ende dieses Jahres (1883) es eine Eisenbahnverbindung geben wird zwischen Port Moody und Lytton, eine Strecke von 143 engl. Meilen.

Die Erbauung der Canadian Pacific Eisenbahn wird eben aufs Allerschleunigste betrieben und man bestrebt sich aufs Eifrigste, die Verbindung dadurch zu vollenden, daß man die Linie vom Osten fortsetzt, welche, wie man glaubt, die Rocky Mountains diesen Sommer erreichen wird. In einer einzigen Woche sind factisch mehr als 24 Meilen in der Prairiegegend mit Schienen belegt worden und Herr Van Horne, der Hauptdirector, sagte unlängst öffentlich aus, er hege die Erwartung, daß die Eisenbahnlinie von Ocean nach Ocean in zwei Jahren vollendet sein wird; d. h. im Jahre 1885. Vor drei oder vier Jahren hielt man dies für ganz und gar nicht möglich.

In Britisch Columbia gibt es zur Zeit über 2.000 Meilen der besten Chausseen, welche die Provinzialregierung hat anlegen lassen und wofür sie ungefähr drei Millionen Dollars zu bezahlen hatte. Alljährlich werden ungefähr $75.000 ausbezahlt, dieselben im wohlgehaltenen Zustand zu erhalten.

Zwischen den Orten an der Küste ist die Wasserverbindung eine leichte und befriedigende.

Gewöhnlich reist man von den östlichen Provinzen nach Britisch Columbia über San Francisco per Union and Central Pacific Eisenbahn und von dort per Dampfer nach Victoria. Von England aus werden viele schwere Waarenartikel um Cape Horn herum befördert und man glaubt, daß viele Einwanderer sich dieser Verbindungsmittel bedienen werden.

Den gegenwärtigen Annoncen nach kostet es Einem $20, um von San Francisco nach Victoria zu reisen.

Den gegenwärtigen Annoncen nach können sich Auswanderer Billette, gültig nach Victoria, an den atlantischen Seehäfen gegen Zahlung von $80—90 lösen. Der Auswanderer muß sich mit Proviant zum Unterhalt während der Reise per Eisenbahn selbst versehen.

Für die Ueberfahrtsreise nach Quebec oder Halifax können sich Auswanderer "Government Assisted Tickets" an irgend welchem Hafen im britischen Königreich lösen, wofür gewöhnliche Arbeiter anstatt $80 und 66c. nur $19 und 47c. und landwirthschaftliche Arbeiter und ihre Familien und Dienstmädchen und Köchinnen nur $14 und 60c. zu bezahlen haben. In einem Wort, die canadische Regierung hat mit einigen Dampfschifffahrtscompagnien in Europa Vorkehrungen getroffen, wodurch oben besagte Personen zu jenen herabgesetzten Preisen die Reise über See machen können, vorausgesetzt, daß sie über 12 Jahre alt sind. Diejenigen, welche noch nicht 12 Jahre alt sind und über ein Jahr sind, müssen $9 und 73c. bezahlen und für jeden Säugling ist der Anschlag $2 und 65c.

Wenn man irgend kann, sollte man sich "Through Tickets", d. h. Billette, gültig nach seinem Bestimmungsorte, lösen. Auf der amerikanischen Transcontinental Eisenbahnroute, vom Missouri River bis nach der Küste des stillen Meeres, stehen Einem Eisenbahnwaggons, versehen mit Schlafstellen, während des Nachts zur Verfügung, ohne daß man dafür Nebenspesen zu bezahlen hat. Die Passagiere müssen sich aber mit ihrem eigenen Bettzeug versehen.

Man sollte dessen eingedenk sein, daß die oben angegebenen Fahrpreise die gegenwärtig annoncirten Preise sind. Diese mögen natürlich anders werden; es wäre also besser, wenn man Erkundigungen darüber bei den bevollmächtigten Agenten einziehe.

Jeder, welcher über 12 Jahre alt ist, kann 100 Pf. Gepäck frei mit auf den Eisenbahnzug, von Chicago bis nach San Francisco, und 150 Pfund Gepäck frei mit auf den Dampfer, von San Francisco bis nach Victoria, gerade so viel, wie auf die östlichen Eisenbahnzüge, bringen.

Die Postdampfschiffe verlassen San Francisco, um nach Victoria
zu fahren, den 10ten, 20sten und 30sten jeden Monats.
Bei der Ankunft zu Victoria können die Einwanderer bei den Ein-
wanderungsagenten der Bundes- und Provinzialregierungen Erkundigungen über Ländereien, Arbeitslöhne, darüber, wo Arbeit zu finden ist,
u. s. w. einziehen.

————o————

XV.
Auskunft und Rath für Diejenigen, welche auszuwandern beabsichtigen.

Im Abschnitte XII. dieser Broschüre sind die Klassen Leute angegeben worden, welchen dreist gerathen werden könnte, nach Britisch
Columbia zu gehen, und im Abschnitte XIV. ist das zur Lösung der
wichtigen Frage über Wege und Verbindungen Nöthige angegeben.
Es gibt jedoch einiges mehr von Wichtigkeit, welches Derjenige, der
auszuwandern beabsichtigt, wohl überlegen sollte.
Eine Liste der Agenten des Departements für Landwirthschaft,
d. h. des Departements der canadischen Regierung, welches speciell
mit der Beförderung der Einwanderung beauftragt ist, ist am Ende
dieser Broschüre zu finden; und nie kann man dem beabsichtigenden
Auswanderer genug ans Herz legen, daß das Allerbeste, was er thun
sollte, sowohl ehe er aus der Heimath auszieht, als auch bei seiner Ankunft in Canada, das ist, daß er sich mit den Regierungsagenten
berathe. Dies kann er entweder schriftlich thun, oder, wann es die
Umstände erlauben, durch persönliche Zusammenkunft. Diese Agenten
sind Alle der canadischen Regierung gegenüber verantwortlich für allen
Rath und alle Auskunft, die sie geben, und die Regierung verlangt
von ihnen, daß sie sich das Wohl der Auswanderer sehr angelegen sein
lassen. Sie dürfen die Auswanderer durchaus nicht durch übertriebene
Aeußerungen irre leiten. Sie sind Alle zuverlässige Leute, und was
immer sie sagen mögen, kann Jeder mit aller Zuversicht für wahr
annehmen. Ihrem Rathe sollte jeder Auswanderer immer folgen
anstatt demjenigen unverantwortlicher Personen.
Alle, welche nach irgend einem Theile Canadas auszuwandern beabsichtigen, sollten alle diese Bemerkungen wohl überlegen. Derjenige,

welcher nach Britiſh Columbia auswandert, ſollte ſofort bei ſeiner An⸗
kunft in Victoria ſich an den Herrn N. H. Smith, Einwanderungs⸗
agenten der Regierung für dieſe Provinz, wenden, welcher in der Regel bei
der Ankunft jeden Dampfers zugegen ſein wird. Sollte der Einwanderer
ſich über irgend etwas zu beklagen haben, ſo ſollte er ſich ſofort an dieſen
Beamten wenden. Falls irgend welches Reiſegepäck verloren gegangen
oder auf der Reiſe zurückgelaſſen worden, ſollte dieſem Beamten eine
genaue Beſchreibung davon auf der Stelle gegeben werden, und dieſer
wird ohne Verzögerung ſich, um daſſelbe wieder zu erlangen, ſchriftlich an
die betreffenden Beamten der Transportirungsgeſellſchaften wenden.
Ferner wird er dem Einwanderer allgemeine Auskunft geben über Orte
oder Bezirke, wo Arbeit zu finden iſt, über Arbeitslohn, bezüglich darauf,
über welche Wege man reiſen kann, über Entfernungen, Speditionskoſten
u. ſ. w.; auch wird er Geld und Briefe, die ihm Anſiedler für ihre
Freunde in der Heimath ſchicken, und Geld und Briefe, die ihm für
Anſiedler von ihren Freunden in der Heimath geſchickt werden, den be⸗
treffenden Perſonen zuſenden.
Auch wird er Auskunft geben bezüglich auf die Bezirke, wo man
am Leichteſten Ländereien für Heimſtätten bekommen oder wo man
Meiereien kaufen kann. Kurz! ſeine Schuldigkeit iſt es, dem Ein⸗
wanderer ein unparteiiſcher und treuer Freund zu ſein, da er ja der
canadiſchen Regierung gegenüber verantwortlich iſt.
Auch hat die Provinzialregierung von Britiſh Columbia der
Bundesregierung in Ottawa durch ein amtliches Sendſchreiben ihre
Bereitwilligkeit und Abſicht zu verſtehen gegeben, Provinzialagenten zu
ernennen, welche den Einwanderern bei ihrer Ankunft den nöthigen
Beiſtand und die möglichſt genaue Auskunft geben könnten, um, ſo viel
wie möglich, die Fehltritte zu verhindern, welche Anſiedler, wann ſie
zuerſt in ein neues Land hineingehen, leicht thun könnten.
Einwanderer können bei ihrer Ankunft ſich eben ſo gut auf die
Provincialagenten als auf die Agenten der Bundesregierung verlaſſen.
Auch warnen wir ſie davor, daß ſie ſich ohne Bedenken auf den von
lauter Nichts als Schmarotzern gegebenen Rath oder auf die ihnen von
ſolchen Leuten gemachten Ausſagen verlaſſen, welche Leute die Ein⸗
wanderer bei ihrer Ankunft um die Stationen herum oder an den Lan⸗
dungsplätzen zuweilen antreffen werden. Bis daß der Einwanderer
einmal lang genug im neuen Lande geweſen, die dort gebräuchlichen
Sitten genau kennen gelernt zu haben, ſollte er ſehr genau die Beweg⸗
gründe unterſuchen, weshalb Dieſer oder Jener ſich eigentlich mit ihm in
Unterhandlungen einzulaſſen oder ihm Rath zu geben wünſcht, und
ſollte er nicht ohne Rath von Seiten der verantwortlichen Beamten handeln.
Sollte der Einwanderer noch mehr Auskunft zu haben wünſchen,

E

die er an Ort und Stelle nicht erlangen kann, oder sollte er etwas
anbringen wollen, so kann er direct an die Bundesregierung zu Ottawa
schreiben, indem er seinen Brief an den „Secretary of Department
of Agriculture, Ottawa," adressirt, und die gehörige Aufmerksamkeit
wird seinem Schreiben geschenkt werden. Briefe, so adressirt, werden
portofrei befördert und brauchen unfrankirt einfach nur auf der Post
abgegeben zu werden.

Die Ueberfahrtsreise.

Die Auswanderer aus Europa, fast ohne alle Ausnahme, reisen jetzt
per Dampfer über See. Diese Schiffe sind in jeder Beziehung den
Segelschiffen vorzuziehen, da die Ueberfahrtsreise per Dampfer nur
8—10 Tage dauert. Eine gewisse Anzahl Fuß Raum muß, wie es
das Gesetz verordnet, jedem Passagier eingeräumt werden, so daß sogar
in den Hauptgeschäftszeiten, wo die Meisten auswandern, nur eine bestimmte Anzahl Passagiere an Bord gebracht werden können. So
nur könne r Auswanderer gesund und munter während der Reise bleiben.
Auch erhalten sie gute Beköstigung in Fülle und befindet sich stets auf
jedem Schiff ein Arzt, der Solche, welche etwa während der Reise erkranken mögen, ärztlich behandelt und ihnen Arznei u. s. w. gibt.
Beamten des Imperialparlaments untersuchen genau jedes Dampf-
schiff vor seiner Abfahrt, um sich zu vergewissern, ob wirklich den Verordnungen der „Passengers' Act" nachgekommen ist.

Ja, die Dampfschiffseigenthümer sind in der Regel selbst schon sehr
darauf bedacht, daß ihre Passagiere alle mögliche Bequemlichkeit während der Reise genießen sollen, um dieselben zu bewegen, ihnen noch
weitere Kundschaft zu schenken, da sie ja wissen, daß Diejenigen, welche
sie transportirt haben, ihren Freunden Berichte über die Ueberfahrt
erstatten werden. Aus all dieser Fürsorge und Bemühung zum Besten
der Auswanderer geht hervor, daß die Einwanderer jetzt nur sehr
selten wirklich billige Klagen vorbringen können. Auch die Schiffs-
krankheiten, die sonst so gewöhnlich und so gefährlich bei dem in früheren
Zeiten gebräuchlichen Transportirungssystem waren, sind Einem gegenwärtig fast unbekannt.

Die Gesetze der canadischen Regierung verlangen auf's Strengste,
daß die Einwanderer gehörigen Schutz finden sollen, und Allen, welche
sie zu hintergehen oder zu bevortheilen suchen, sind schwere Strafen an-
gedroht.

Bei der Ankunft in Canada werden die Einwanderer Alle von einem
Regierungsarzt, genannt „Inspecting Physician", am Hafen besucht
und werden Diejenigen, welche etwa krank sein mögen, ärztlich behandelt und mit allen nöthigen Arzneimitteln u. s. w. versorgt werden.

An welchen Tagen die Dampfer abfahren und die Ueberfahrtspreise
der Billette erster und zweiter Cajüte und der Zwischendecksbillette
können die beabsichtigenden Auswanderer auf den Anschlagzetteln und
in den Annoncen, welche jetzt fast überall veröffentlicht werden, aus=
findig machen. Es mag hier speciell angedeutet werden, daß die
canadische Regierung Vorkehrungen getroffen hat, wodurch Dienstmäd=
chen, Köchinnen und Familien landwirthschaftlicher Arbeiter zu ganz
bedeutend herabgesetzten Fahrpreisen die Reise machen können. Auch
können andere Arbeiter und gewisse Classen Handwerker und Land=
wirthe zu etwas herabgesetzten Preisen über See fahren. Für ein
„Government Assisted Passage Tia...   : Dienstmädchen, Köchinnen
und landwirthschaftliche Arbeiter w... die Hälfte von dem zu
bezahlen, was in der Regel ein Zwischendecksbillet kostet. Die von
der Regierung getroffenen Vorkehrungen, wodurch man zu herabgesetzten
Preisen die Ueberfahrtsreise machen kann, beschränken sich nur auf
Zwischendeckspassagiere und beziehen sich nicht auf Die der ersten oder
der zweiten Cajüte. Man sollte sich an irgend welchen Regierungs=
agenten wenden, um Erkundigungen über die Preise der Assisted Passage
Tickets und die Bedingungen, unter welchen letztere nur zu haben
sind, einzuziehen.

Diejenigen, welche für erste oder zweite Cajüte bezahlen, erhalten
auch gute Beköstigung und bequeme Schlafstellen, mit einem Worte,
Alles, was erforderlich ist, um recht bequem die Reise machen zu
können; während die Zwischendeckspassagiere nur Beköstigung erhalten
und zwar wohl zubereitete und in Fülle. Sie müssen aber für ihr
eigenes Bettzeug sorgen, auch für Eß= und Trinkgeschirr. Jeder
Zwischendeckspassagier braucht eine Matratze, ein Kopfkissen, eine
wollene Decke, eine Wasserkanne, ein Quartmaß, einen Blechteller,
ein Waschbecken, ein Messer, eine Gabel, zwei Löffel, ein Pfund See=
seife und ein Handtuch, was ihm Alles zu etwa $2 und 50c. zu stehen
kommen wird.

Einige von den Dampfschifffahrtsgesellschaften vermiethen jetzt
äußerst billig oben besagte Geräthe zum Gebrauch während der Reise.

Alle Kinder, welche über 12 Jahre alt sind, müssen für die Ueber=
fahrtsbillette vollen Preis bezahlen. Alle Kinder unter 12, die über
ein Jahr alt sind, bezahlen halben Preis; während für Säuglinge
noch weniger — $2 und 65c. — zu bezahlen ist. Nach den Vor=
kehrungen, welche die canadische Regierung getroffen, ist auch speciell
für Kinder, die noch nicht 12 Jahre alt sind, ein herabgesetzter Fahr=
preis in dem Assisted Passage System angesetzt.

Da die Zwischendeckspassagiere auf den Dampfschiffen der Haupt=
dampfschifffahrtslinien so gut beköstigt werden, so brauchen sie keine

Lebensmittel mitzubringen. Sollten sie erkranken, so wird der Arzt
auf dem Schiffe sie ärztlich behandeln.

Während der Reise.

Sobald der Auswanderer an Bord geht, sollte er sich mit den Be=
dingungen und Vorschriften vertraut machen, denen er während der
Reise nachzukommen hat. In der Regel sind dieselben gedruckt und
hängen sie in dem Zwischendeck. Er sollte sich sorgfältigst bemühen,
denselben nachzukommen, sich wohl zu benehmen und sich sauber zu
halten. So kann er sich es bequem machen und wird er nicht allein
sich selbst in guter Gesundheit erhalten, sondern auch zur Gesundheit
der Anderen um sich herum viel beitragen. Sollte er guten Grund
haben, sich während der Reise über irgend etwas zu beklagen, dann
sollte er sich natürlich an den Capitän wenden, der sich gewiß bemühen
wird, jeder vorgebrachten Klage abzuhelfen, sowohl zu seinem eigenen
Vortheil als auch im Interesse des Schiffes und seiner Oberen.
Sollte etwa aus irgend einem Grunde der Capitän dies unterbleiben
lassen, so sollte der Auswanderer sich sofort bei der Ankunft in Canada,
noch während das Schiff im Hafen liegt, bei den Regierungsagenten
darüber beklagen.

Auf den großen Dampfschiffen gibt es Aufwärterinnen, welche nach
den weiblichen Zwischendeckspassagieren sehen. Letztere werden auf den
besseren Dampfschiffen, von den Männern getrennt, allein gehalten,
eine Maßregel, die erforderlich ist, wo große Massen beiderlei Ge=
schlechter in einem beschränkten Raum transportirt werden.

Das Gepäck.

Auf allen Dampfschifffahrtsanschlagzetteln werden die Passagiere
angegeben finden können, wieviel Cubikfuß Gepäck sie kostenfrei mit an
Bord bringen dürfen. Cajütenpassagiere können 15—20 Cubikfuß
Gepäck frei an Bord bringen und die Zwischendeckspassagiere 10.
Zehn Cubikfuß Gepäck mag jedoch, was Gewicht anbelangt, viel mehr
Gepäck sein als nach der Landung frei mit auf den Eisenbahnzug ge=
bracht werden darf.

Es ist schon früher in dieser Broschüre gesagt worden, daß jeder
Einwanderer, wann er von Chicago nach San Francisco reist, nur
100 Pfd. Gepäck frei mit auf den Eisenbahnzug bringen darf. Für
Uebergewicht ist der Frachtlohn sehr hoch. Es ist also von der größten
Wichtigkeit, daß der Auswanderer, wann er die Heimath verläßt, um
die lange Reise nach Britisch Columbia anzutreten, sich nicht mit
schwerem Gepäck und schwerfälligen Stücken belade. In der That
sollte er, wenn er beabsichtigt, über die Vereinigten Staaten hin zu

reifen, vor feiner Abreife fich fein Gepäck wiegen laffen und ja nicht
mehr als 100 Pf. fchweres Gepäck mitnehmen.

Hier mag auch gefagt werden, daß die canadifchen Eifenbahngefell=
fchaften in der Regel es nicht allzu genau nehmen, was das Gewicht
des Gepäckes der Einwanderer anbelangt, und laffen Manches frei=
durch, das nicht allzu fchweres Uebergewicht hat. Den Annoncen nach
kann jeder Erwachfene 150 Pf. Gepäck frei mitnehmen und es fcheint,
daß auf den Eifenbahnftrecken in Nordamerika die Einwanderer in der
Regel Gepäck von fo viel Gewicht frei mitnehmen können, ausgenom=
men auf der Strecke zwifchen Chicago und San Francisco. Diefe
Strecke ift nämlich eine fehr lange und die Eifenbahn hat einige fehr
hohe Steigungen zu machen, weshalb jedes Pfund Gewicht etwas zu
bedeuten hat.

Alle Kiften, Koffer u. f. w., follten mit dem Namen des betreffenden
Paffagiers, welchem das Gepäck gehört, und mit dem Beftimmungs=
ort, wohin er will, deutlich lesbar, bezeichnet fein.

All das fchwere Gepäck und Kiften werden in den Schiffsraum unter=
gebracht und der Auswanderer follte alfo die Sachen, welche er während
der Reife brauchen wird, in ein befonderes Päckchen thun, welches er
bei fich behalten follte.

Zuweilen leiden die Auswanderer großen Verluft und gerathen fie
in Verlegenheit dadurch, daß fie ihr Gepäck verlieren. Sie follten fich
alfo in Acht nehmen, es nicht aus den Augen zu verlieren, bis es an
Bord ift. Dann ift es ganz ficher. Bei der Ankunft in Quebec oder
Halifax wird das Gepäck von Zollbeamten unterfucht, wornach es in.
den Güterwagen, fogenannten „Baggage Car“ des Eifenbahnzuges,
hinein gethan wird, nachdem es nach feinem Beftimmungsort „checked“
worden ift, d. h. jedes Stück Gepäck wird mit einer kleinen metallenen
Marke verfehen, worauf eine Nummer eingeprägt ift, welche der
Nummer auf der Marke entfpricht, die der Eigenthümer des betreffen=
den Gepäckes erhält und forgfältig aufzubewahren hat, bis er nach
feinem Beftimmungsort kömmt. Inzwifchen ift die Eifenbahngefellfchaft
für die Sicherheit des Gepäckes verantwortlich und wird fie kein Stück
Gepäck aus ihren Händen laffen, bis man ihr die Marke zeigt, welche
derjenigen auf dem Gepäcke entfpricht. Diefes Verfahren ift ein fehr
ficheres und bequemes.

Nachdem die Zollbeamten das Gepäck unterfucht haben, follten die
Einwanderer darnach fehen, daß es auf denfelben Eifenbahnzug gebracht
wird, mit welchem fie reifen werden, und falls fie über die Vereinigten
Staaten, über San Francisco, zu reifen beabfichtigen, um von dort
mit dem Dampfer nach Victoria zu fahren, follten fie auch darnach
fehen, daß, nachdem die Zollbeamten der Vereinigten Staaten zu.

Port Huron ihr Gepäck untersucht, es auf demselben Eisenbahnzug ist wie sie, wann sie diesen Ort verlassen. Vielen Einwanderern sind große Unannehmlichkeiten bereitet worden dadurch, daß ihr Gepäck an diesem Orte zurückgelassen wurde; also kann man sich nicht übergenug darum bemühen, darnach zu sehen, daß Alles in Ordnung ist.

Zuweilen kömmt es auch vor, daß, wenn eine Gesellschaft Auswanderer zusammen reisen, sie all ihr Gepäck auf den „Baggage Car" in Zollverschluß bis nach dem Bestimmungsort thun können, in welchem Falle sie sich viel Mühe ersparen können. Nach dem Jahre 1885 jedoch, nachdem die Canadian Pacific Eisenbahnroute dem Verkehr bis ans stille Meer hin übergeben sein wird, wird Einem auch dies erspart werden.

Was man mitnehmen sollte.

Die Auswanderer sollten so viel wollene, baumwollene und leinene Kleidungsstücke u. s. w. wie möglich mitnehmen, von Gewicht aber ja nicht mehr als 100 Pf. Möbeln aber, irdenes Geschirr, Oefen oder schwere Eisenwaaren sollte man in der Regel zurücklassen oder verkaufen, da sie es ja nicht werth sind, daß man dafür auf der langen Reise bis nach British Columbia so viel Fracht bezahlt, außerdem machen sie Einem sehr viel Mühe.

Landwirthschaftliche Arbeiter sollten ihr Werkzeug nicht mitnehmen, da sie solches und zwar das beste seiner Art leicht in Canada bekommen können, welches zudem den Verhältnissen des Landes entspricht. Ueberdies würde auch das in Europa gebräuchliche Ackergeräth sich nicht wohl zum Landbau in Canada eignen.

Handwerker u. s. w. werden natürlich Specialhandwerkszeug, welches sie brauchen, mitnehmen; sie sollten aber darauf sehen, daß es ja nicht mehr als 100 Pf. wiegt. Sie sollten auch dessen eingedenk sein, daß man gutes Werkzeug in Canada und zwar zu billigen Preisen kaufen kann. Es würde Einem gewiß nicht sehr lieb sein, wann man bei seiner Ankunft ausfindet, daß man mehr Fracht für Etwas zu bezahlen hatte, als es wirklich werth gewesen. Die Auswanderer sollten vielmehr baares Geld mitbringen, womit sie sich die nöthigen Werkzeuge nach der Ankunft anschaffen können, als schweres Gepäck, das ihnen nur Mühe und Kosten machen wird.

Wieviel die Werkzeuge u. s. w., welche man in British Columbia bekommen kann, kosten, ist bereits früher in dieser Broschüre angegeben worden.

Geld.

Das in Canada gebräuchliche Geld besteht aus Bankanweisungen, welche jederzeit zu Gold verwerthet werden können, ferner aus goldenen,

ſilbernen und bronzenen Münzen. In Folge des allgemeinen Zu-
trauens, welches man zu den Bankanweiſungen hat, kömmt Gold gar
nicht in Circulation; zudem kann man die Bankanweiſungen bequemer
bei ſich herumtragen und leichter handhaben.

1c. (ein Cent)..............gleich 4 Pfennigen.
$1 (ein Dollar)............. „ 4 Marken.
Ein Dollar.................. „ 100 Cents.

Portoſatz.

Wenn man einen Brief nach irgend einem Theil in Canada mit der
Poſt expediren will, ſo hat man 8c. für das Loth im Voraus zu bezahlen. Das Briefgeld für Briefe aus Canada nach Deutſchland iſt
5c. für das Loth. Poſtkarten kann man zwiſchen Canada und Deutſchland für 2c. ſchicken.

Für Zeitungen hat man äußerſt wenig Porto in Canada zu bezahlen.
Auch können Bücher, kleine Packete u. ſ. w. billig mit der Poſt expedirt
werden.

Geldanweiſungen.

Alle Geldanweiſungsbureaus der Poſt in Canada haben die Vollmacht, Geldanweiſungen um irgend welche Summe Geldes, vorausgeſetzt, daß dieſelbe ſich nicht auf mehr als $100 beläuft, auszuſtellen,
und ein Jeder kann ſo viele $100 Geldanweiſungen, als er haben will,
erhalten.

Irgend ein Geldanweiſungsbureau der Poſt in Canada kann auf
irgend ein anderes in Canada Geldanweiſungen um nicht mehr als
$4 zu 2c., um nicht mehr als $10 zu 5c. u. ſ. w. ausſtellen.

Telegraphiſche Nachrichten.

Ueberall in Canada gibt es das Telegraphenſyſtem. Gewöhnlich
koſtet eine aus 10 Wörtern beſtehende Depeſche 25c.

———o————

Agenten der canadischen Regierung.

Alle Diejenigen, welche Erkundigungen einziehen wollen über die Ueberfahrtspreise oder sonst etwas bezüglich auf Canada, können sich schriftlich oder persönlich an irgend einen der folgenden Agenten wenden:—

In dem britischen Königreich.

London:............Sir Charles Tupper, Bart., High Commissio-
ner for the Dominion, 10 Victoria Chambers,
London, S. W.
Mr. J. Colmer, Secretary, High Commissio-
ner's Office. (Adresse wie oben.)
Liverpool..........Mr. John Dyke, 15 Water Street.
Glasgow............Mr. Thomas Grahame, 40 St. Enoch Square.
Belfast.............Mr. Charles Foy, 29 Victoria Place.
Dublin.............Mr. Thomas Connolly, Northumberland House.
Bristol.............Mr. J. W. Down, Bath Bridge.

———o———

Canada.

In den alten Provinzen.

Quebec..............Mr. L. Stafford, Point Levis.
Toronto............Mr. J. A. Donaldson, Strachan Avenue.
Ottawa.............Mr. W. J. Wills, Wellington Street.
Montreal..........Mr. J. J. Daley, Bonaventure Street.
Kingston...........Mr. R. Macpherson, William Street.
Hamilton..........Mr. John Smith, Great Western Railway
Station.
London...... ......Mr. A. G. Smyth.
Halifax............Mr. E. Clay.
St. John...........Mr. S. Gardner.

In Manitoba und dem Nordwesten.

Winnipeg..........Mr. W. C. B. Grahame.
Emerson............Mr. J. E. Tetu, Railway Station.
Brandon...........Mr. Thos. Bennett, Railway Station.
Prince Arthur...Mr. J. M. McGovern.

In British Columbia.

Victoria...........Mr. R. H. Smith.

Inhaltsverzeichniss.